AF363758

REVUE

DES COMÉDIENS.

REVUE

DES COMÉDIENS,

OU

CRITIQUE RAISONNÉE

DE

TOUS LES ACTEURS, DANSEURS ET
MIMES DE LA CAPITALE.

Par M.***, vieux comédien;

ET PAR L'AUTEUR DE LA LORGNETTE DES
SPECTACLES.

TOME SECOND.

A PARIS,

Chez FAVRE, Libraire, Galerie
de Bois, côté du jardin, no. 263.
1808.

REVUE

DES COMÉDIENS.

G A I L L E T. (M.lle)

Académie Impériale de Musique.

Danseuse, élève de Gardel ; elle paroît se destiner à la danse sérieuse.

Tous ses pas sont précis, graves, majestueux.

Sa figure est belle ; sa taille imposante ; ses développemens faciles , simples et nobles ; en un mot ,

Il semble voir Junon demander des autels,
Et venir se mêler aux danses des mortels.

Avec un peu plus d'habitude, elle acquerra nécessairement plus de hardiesse, et en même temps plus de *fini*. Mais telle qu'elle est, cette belle danseuse peut déjà être comptée au nombre des plus habiles prêtresses... de Terpsichore.

GARDEL,

Maître des ballets de l'Académie impériale de Musique.

Gardel a long-temps dansé le genre sérieux; il se faisoit admirer, non-seulement par les avantages que lui donnoient sa taille et le caractère grave de sa figure, mais encore par une grande pureté d'exécution et des développemens très-nobles. S'étant aperçu que le jeune Vestris (notre Vestris étoit jeune alors), obtenoit plus d'applaudissemens que lui, en faisant des sauts périlleux et des pirouettes éblouissantes, il essaya de rivaliser en ce genre avec cet audacieux danseur, et eut la douleur de n'y point réussir. Au tort de quitter ainsi la bonne méthode, pour payer son tribut à une mode ridicule, il joignit celui d'être vaincu dans un assaut public, et de se donner un tour de reins, qui lui ôta pour jamais l'envie et les moyens de recommencer.

Depuis ce temps, Gardel, à l'exemple de son frère aîné, s'est adonné à la science chorégraphique, et a composé plusieurs ballets que l'on revoit toujours avec plaisir ; de ce nombre sont : Psyché, Pâris, Télémaque et la Dansomanie. Gardel n'a, comme compositeur, ni l'originalité piquante de Dauberval, ni peut-être les ressources d'imagination de Gallet (1). Il y a trop de danse et trop peu d'action dans le ballet de Pâris ; le spectacle des tortures infernales est trop prolongé dans celui de Psyché ; mais l'un et l'autre offrent des scènes bien disposées et de beaux tableaux ; toutes les situations en sont expliquées d'une façon très-ingénieuse par

---

(1) Auteur des Ballets de Bacchus et de l'Amour.

des airs connus et de bon goût ; en un mot, ce sont d'estimables productions, dont la réputation n'est point usurpée.

Gardel joint au talent de compositeur, celui de bien jouer du violon. Il se mêle aussi d'écrire en style poétique l'explication de ses ballets ; mais ce n'est pas, à vrai dire, ce qu'il fait de mieux ; et ses amis même sont forcés de convenir qu'il n'est pas fort sur la grammaire.

G A R D E L. (M.me)

Académie Impériale de Musique.

Quand on l'a vue dans Psyché exprimer tour-à-tour le plaisir et l'inquiétude, la crainte et la joie, et faire passer dans l'ame du spectateur les sentimens dont elle est agitée, on doit convenir qu'elle ajoute au charme de la danse tout le prestige du talent comique. C'est de M.me Gardel qu'il faut dire : *Qu'elle se joue comme l'innocence, ou tourne comme la coquet-*

terie; se pose comme la rêverie, ou se précipite comme l'abandon; s'enlace comme la volupté, se trémousse comme le plaisir.

Presque tous nos poëtes lui ont adressé des vers dans lesquels ils lui ont prodigué tous les genres d'éloges, et ont épuisé toutes les comparaisons; si bien que les plus modérés ont dit que ses pieds avoient une ame, et qu'il est arrivé à un gascon de s'écrier avec transport : *Il né manqué qué la parole aux jambés de cetté vergère !*

Nous souscrivons très-volontiers aux choses fines et délicates qu'on a pu dire sur M.me Gardel ; nous ajouterons même qu'elle joint à tous les avantages d'un talent supérieur, le mérite justement apprécié par l'administration de l'Opéra, d'être rarement malade, et de ne jamais employer la ressource des longues absences, pour être plus vivement desirée et plus favorablement accueillie. On n'annonce presque jamais sur l'affiche LA RENTRÉE de M.me GARDEL. Cette artiste, qui peint si bien la coquetterie, dédaigne d'en mettre dans sa conduite.

G A V A U D A N.

Opéra-Comique.

On est en quelque sorte convenu d'appeler cet acteur le *Talma* de l'*Opéra-Comique*; et si l'on veut se donner la peine de comparer l'un à l'autre, Talma et Gavaudau, on verra que le surnom donné à celui-ci n'est pas tout-à-fait mal appliqué.

Comme Talma, Gavaudan a beaucoup de mobilité et d'expression dans les traits de la figure; tous deux ont un caractère de tête, sévère et antique.

Talma avoit débuté avec succès dans les rôles de jeunes premiers, où il se distinguoit par les accens flatteurs de son organe et par la grace de son jeu.

Gavaudan jouoit, à l'époque de ses

débuts, les rôles les plus légers et les plus gracieux de l'Opéra-Comique, et séduisoit toutes les femmes par la fraîcheur de sa jolie voix.

Depuis, Talma a renoncé au genre galant et fleuri, pour se jeter dans le grand pathétique; son organe doux et argentin est devenu sombre, grave et fortement tragique; et il a soigné son jeu muet au point de le rendre terrible.

Gavaudan, las de jouer les *colins*, et de ne chanter que des fadeurs, s'est fait faire des pièces à *papillons noirs*, comme *Montano*, *Ariodant* et le *Délire*, où il a réussi au-delà de ses espérances; et après s'être totalement brisé la voix dans les airs terribles de *Méhul* et de *Lebreton*, il n'a plus guères conservé, pour soutenir sa réputation, que les ressources de la pantomime.

Mais s'il y a une analogie si frappante entre l'organisation physique de ces deux acteurs, et entre les révolutions que leur talent a subies, ils ne seront pas tout-à-fait placés sur la même ligne dans les annales du théâtre.

Les changemens opérés dans la voix et dans la manière de *Talma*, en ont fait d'un acteur agréable, le premier de nos tragédiens; tandis que *Gavaudan*, en se frayant une nouvelle route, qui l'éloigne du véritable genre de son théâtre, a risqué de perdre, avec sa voix, le moyen le plus propre à lui assurer de nombreux succès, et pourroit avoir sacrifié ainsi au plaisir de très-bien jouer deux ou trois rôles bizarres, qu'on n'imitera plus, celui de chanter agréablement les plus charmans airs de son emploi.

Gavaudan est sans contredit un des acteurs du théâtre Feydeau qui a le plus de réputation, et il est juste de dire qu'il nous dédommage presque toujours par son jeu de l'affoiblissement de sa voix; il a du sens, de l'à-plomb, de la chaleur et une bonne tenue; mais son débit manque quelquefois de légèreté, et sa gaîté, de naturel, si ce n'est dans les rôles à grands mouvemens, comme celui du valet de *Ponce-de-Léon*, par exemple, où il n'épargne pas les folies.

On a remarqué généralement qu'il jouoit mieux qu'Elleviou, le rôle du marquis des *Evénemens imprévus*; mais ce mieux n'est pas encore assez pour les personnes qui ont vu ce personnage représenté par Clairval. Elles souhaiteroient à Gavaudan une fatuité moins concentrée, un débit plus vif, plus piquant, et surtout une diction plus correcte, par rapport à la prosodie.

Gavaudan a l'accent méridional, et il ne le déguise pas toujours assez; il ne *phrase* pas non plus avec soin, et l'on s'aperçoit trop facilement, quand il débite des vers, ou que son oreille n'est pas sensible à l'harmonie de la versification, ou qu'il n'en connoît pas bien le mécanisme. Cette connoissance est pourtant indispensable aux personnes qui se consacrent au théâtre ; et il est si facile de l'acquérir, qu'un acteur *n'est pas recevable à en prétendre cause d'ignorance.*

Au surplus, s'il est facile de se *figurer* un comédien supérieur à Gavaudan, il n'est pas aussi aisé d'en rencontrer qui l'égalent, et il a du moins l'avantage de balancer *Elleviou* dans l'opinion publique, ce qui n'est pas un petit honneur.

GAVAUDAN (Mde.)

Opéra-Comique.

Epouse du précédent.

« Une jolie figure, de la gentillesse, une voix agréable, quoique foible, voilà les qualités qui font de cette très-jeune femme, sinon un premier sujet, du moins une actrice assez intéressante. Nous lui conseillons d'éviter soigneusement le genre de la minauderie pour lequel elle paroît avoir quelque penchant ; elle joue et chante le vaudeville avec un talent particulier. »

Lorgnette des Spectacles.

Cet article de la lorgnette n'étoit que juste en 1801 ; maintenant, il seroit trop sévère. Depuis quatre ou cinq ans, madame Gavaudan a fait des progrès si sensibles, qu'on peut aujourd'hui la considérer comme l'un des talens les plus agréables de son théâtre.

A la gaîté leste et piquante de Carline (1), elle joint la comique naïveté, la finesse et les graces de madame Saint-Aubin ; elle porte avec un égal succès le corset d'une Agnès de village, l'habillement d'un jeune garçon, la robe d'une petite maîtresse, l'éventaire d'une dame de la Halle, et le tablier d'une soubrette.

-----

(1) Aujourd'hui madame Nivelon, l'une des meilleures actrices du Théâtre Italien, retirée avec pension, il y a environ 7 ans.

Sa voix, sans être fort étendue, est légère, flexible, sonore; et elle chante avec beaucoup de goût.

GAVAUDAN.

AGLAÉ et ROSE, ou ROSETTE.

Opéra-comique Feydeau.

Ces deux sœurs, également jolies, ont été long-temps aussi médiocres l'une que l'autre; mais le temps a enfin mis entre elles, par rapport au talent, une certaine différence. Mlle. Rose, à la suite d'un long déclin, s'est entièrement éclipsée, tandis que la jeune Aglaé parvient à faire applaudir, et quelquefois très-vivement, la belle étendue de sa voix. Comme actrice, celle-ci est encore un peu gauche et un peu froide, mais pour peu qu'elle voulût travailler, elle deviendroit une cantatrice distinguée.

Il seroit à souhaiter aussi qu'elle trouvât moyen d'animer sa figure, qui manque totalement de physionomie.   GAM.....

G A V E A U X.

Opéra-comique.

Acteur-compositeur. Nous lui devons de jolis opéras, parmi lesquels il faut distinguer la Famille suisse, ou la Jambe de bois, dont la musique, fraîche, simple et légère, n'auroit peut-être pas été désavouée par Grétry.

Comme chanteur, il a été long-temps en vogue; sa voix (une haute-contre), avoit du corps et de la pureté, mais

« Du temps qui détruit tout, l'irréparable ou-
  trage »

a considérablement diminué l'étendüe de ses moyens, et bientôt, il se verra forcé de renoncer au chant d'opéra.

Comme acteur, il a un peu moins perdu; il annonce encore de la sensibilité et de l'intelligence; mais il manque totalement de dignité. « Ses inflexions de voix senti-mentales sont presque toujours *piteuses*, et l'espèce d'intérêt qu'il inspire , loin d'élever l'ame , ressemble trop à la compas_sion que fait naître la vue d'un indigent. »

Il ne faut pas , toutefois , le juger avec la rigueur dont on use envers les autres acteurs, réduits comme lui à ne jouer que les utilités. Outre que le mérite de ses compositions musicales doit, selon l'expression à la mode, *jeter un reflet* favorable *sur* les restes de son talent d'exécution , il a quelque droit à l'estime publique par le courage avec lequel il se prononça contre les jacobins , dans le cours de la révolution , et par l'heureuse influence de son *Réveil du peuple* (1), sur la marche des évènemens politiques.

---

(1) L'air du Réveil du Peuple est de *Gaveaux;* les paroles sont de M. *Sourriguierre.*

GEORGES-WEYMER. (M.lle)

Théâtre Français.

Que d'attraits, que de majesté!

(*Iphigénie en Aul., opéra*).

La beauté de cette jeune actrice a trop contribué à sa réputation, et a trop puissamment secondé le premier essor de son talent, pour que je n'essaie pas ici d'en donner une idée à ceux de mes lecteurs qui ne connoissent M.lle Georges que de nom.

Cette prêtresse de Melpomène doit avoir environ vingt ans, quoiqu'au théâtre elle paroisse un peu plus âgée; sa taille est élevée, mais dans cette proportion heureuse, qui convient à la majesté, sans exclure les graces, et qui imprime le respect, sans trop intimider l'amour. Son maintien est naturellement noble, ainsi que sa démarche; sa figure, parfaitement régulière, semble avoir été dessinée d'après les plus belles statues grecques ; aussi la physionomie en paroîtroit-elle un peu sévère, si les graces de son sourire n'en tempéroient à propos l'austérité. On pourroit toutefois désirer que cette figure, si parfaitement belle, se prêtât plus facilement à l'expression des divers sentimens dont l'actrice doit paroître pénétrée ; la faute n'en est point à M.lle Georges ; c'est l'unique inconvénient attaché, en toute chose, à la parfaite correction des formes ; il semble que dans les beaux-arts, comme dans les traits du visage, l'expression vive, touchante, ou sublime ne ressorte presque jamais que d'un ensemble un peu irrégulier.

Ce que l'on admire le plus dans M.lle Georges (je ne parle que de sa beauté), c'est la blancheur éclatante et la finesse de sa peau ; le noir brillant de ses cheveux, auquel on ne sauroit comparer que l'ébène de ses sourcils. Les jeunes peintres s'extasient aussi en parlant de son *cou d'ivoire ;*

et même ils se servent à ce sujet d'une expression un peu moins poétique : « Il n'est
pas une femme, disent-ils, qui ait la tête
mieux attachée ». Mon lecteur est prié de
chercher ce que cela signifie ; quant à moi,
qui crois le deviner, je ne me chargerois
pas néanmoins d'en donner au juste l'explication.

En promettant quelques détails sur la
beauté de M.lle Georges, je ne me suis
pas tout-à-fait engagé à donner le signa-
lement de cette actrice ; c'est pourquoi je
ne m'amuserai pas à vous dépeindre le con-
tour gracieux de ses bras de lys, ni la so-
lidité un peu trop remarquable de son
pied, ni enfin la forme appétissante de ce
beau sein *d'albâtre* qui, pour tous ceux
qui ont le bonheur de le voir, rime si naturellement à *j'idolâtre*. Il est temps de
passer à un chapitre moins dangereux pour
la tête de mon lecteur, et plus digne du
motif sérieux qui m'a mis la plume à la main.

M.lle Georges, fille du directeur de la

troupe d'Amiens, débuta à Paris, dans le mois de frimaire an 11, sous les auspices de M.lle Raucour, son maître, et en concurrence avec M.lle Duchesnois, qui, forte de son grand talent, et plus encore du parti auquel elle s'étoit attachée, avoit déjà renversé dans la lice une très-belle reine (M.me Xavier, maintenant à Pétersbourg), et sembloit menacer du même sort toutes les débutantes assez téméraires pour oser aspirer au trône. Mais si la faction Duchesnois (qu'on me passe cette expression peu sérieuse) étoit réellement formidable, de son côté M.lle Raucour avoit fait de grands prépar tif , et la beauté de sa jeune élève n'étoit pas une foible ressource ; jamais choc ne fut plus terrible. Pendant trois mois le théâtre Français fut une espèce d'arène, où les deux rivales triomphèrent alternativement. M.lle Georges, moins ambitieuse, n'aspiroit qu'à partager l'empire ; M.lle Duchesnois, plus fière, ne vouloit pas souffrir de rivale ; aussi quelques-unes des représen-

tations où brilloit la première, furent-
elles troublées par de terribles agressions.
Toujours la majorité du public applaudissoit à ses efforts ; presque toujours aussi
quelques enfans perdus du parti contraire,
tomboient inopinément au milieu du parterre, et faisant éclat comme des bombes,
mettoient le feu à tous les esprits. Que
d'injustes coups de sifflets punis par d'im-
prudens coups de bâton ! Oh ! qui pourra
compter, diroit un poète :

« Les claques, les soufflets, les coups de poingt
    reçus,
« Les coups de pieds donnés, bien plutôt
    qu'aperçus !

Un jour les anti-georgiens ayant pro-
jeté de mettre le siége devant le théâtre,
s'élancèrent en hurlant du fond du parterre, traversèrent l'orchestre par-dessus
les épaules des honnêtes citoyens qui s'y
trouvoient mourant de peur, et escala-

dèrent le théâtre. Ce devoit être le coup de parti décisif, le 31 mai des séditieux; par bonheur il fut déconcerté. Un commissaire de police, aussi habile que difficile à effrayer, fit saisir sur les créneaux de la muraille, je veux dire sur les bords de la rampe, les assaillans trop impétueux, qui tentoient vainement de redescendre; les instigateurs, montrés au doigt au milieu de la salle, furent reconnus et enlevés à la sortie du spectacle; et quelques heures passées au violon, par une demi-douzaine des uns et des autres, rétablirent le calme dans tous leurs sens. M.lle Georges, qu'on avoit voulu terrifier, décourager et chasser comme M.me Xavier, et qui étoit déjà, comme elle, sur le point de quitter le champ de bataille, sentit ses forces se ranimer, redoubla de zèle et de soins, et n'éprouva plus dans la suite que d'impuissantes oppositions. Enfin, M.lle Duchesnois elle-même, désavouant l'indiscrète ardeur de ses partisans, qui, au tort de l'avoir compromise, joignoient la faute encore plus grave de n'avoir pas su réussir, parut consentir à une sorte d'accommodement ; et, souffrant le partage qui lui avoit tant répugné, ne se réserva d'autres armes contre sa rivale que celles de son propre talent d'abord (la plus légitime de toutes), et quelques articles de journaux. MM. Salgues, dans l'*Observateur*, et Lepan, dans le *Courrier des Spectacles*, se déclarèrent franchement ses chevaliers; M. Geoffroy fulmina contre elle.

Le *Journal de Paris* et le *Publiciste*, tâchèrent de jouer dans cette affaire le rôle peu brillant de critiques sans passion, et trouvèrent par-là le moyen de mécontenter également les deux rivales. Tel est le sort de tous les *modérés;* les impartiaux de la république des lettres ne réussissent guères mieux dans l'exercice de leurs estimables fonctions, que n'avoient fait, en politique, les *feuillans* de l'assemblée législative, et le *ventre* de la convention (1).

Les défenseurs de M.lle Georges, et j'avoue que je fus du nombre, ont quelquefois été forcés, par les circonstances,

---

(1) Les *feuillans*. On désignoit par ce nom des membres de la société des amis de la constitution, séante aux Jacobins, qui, honteux des excès où cette société se portoit chaque jour contre le pouvoir exécutif, et frémissant des horreurs anarchiques auxquelles la France alloit être livrée, résolurent de faire scission et de se réunir dans l'église des *feuillans* pour y contrebalancer l'autorité des *révolutionnaires*. Ils furent bientôt victimes de leur attachement à la constitution monarchique. Dans la convention, soi-disant nationale, on distinguoit deux partis, savoir : la *montagne*, place élevée à la gauche du président, où siégeoient les *jacobins* et les *cordeliers*, décidément sanguinaires et *populaciers*; et le *marais* ou le *ventre*, partie mitoyenne de la salle, où se plaçoient les hommes modérés, qui rêvoient le parfait équilibre des pouvoirs. Quant à la partie droite

de devenir plus que ses *prôneurs*. Certain qu'il y avoit en elle le germe d'un très-beau talent, comment aurois-je pu l'entendre siffler avec tant de barbarie, sans l'applaudir de mon côté avec fureur. Telle est la marche naturelle des choses ; mes acclamations, mes battemens de mains, mes trépignemens, étoient peut-être des démonstrations aussi exagérées que les cris de réprobation de ces messieurs étoient injustement cruels ; mais au moins c'étoit dans un sens généreux que j'abondois avec tant d'ardeur, dans un sens qui ne me conduisoit à rien dont je pusse jamais me repentir ; et si tous mes esprits étoient en feu, ma conscience demeuroit paisible ;

---

de la salle, qui sembloit devoir appartenir aux royalistes décidés, quelques députés y siégeoient peut-être d'intention, mais aucun n'osoit s'y asseoir seulement une minute, tant la terreur inspirée par les échaffauds dressés étoit devenue générale, c'étoit d'ailleurs le seul moyen de sauver la belle victime. A force de revenir à la charge, les assaillans auroient fini par la ruiner entièrement dans l'opinion de l'innombrable *servum pecus*, si les georgiens, non moins persévérans, ne l'eussent divinisée avec transport. N'accordez rien à votre ennemi, et *pour un pois rendez une fève*; c'est une maxime de Machiavel, mise à la portée du vulgaire et applicable à toutes les cabales et si, par parenthèse, les royalistes de 89 eussent voulu faire un Dieu de leur trop foible monarque, lorsque les révolutionnaires s'efforçoient de l'avilir dans l'opinion publique, ceux-ci auroient eu moins beau jeu ; on n'en a fait qu'un *honnête homme;* c'étoit le livrer aux bourreaux.

Aujourd'hui que les orages de théâtre sont passés, et que le temps remet toute chose en sa place, mon enthousiasme refroidi a fait place à l'esprit de justice (au désir d'être juste du moins), et je puis enfin examiner, d'un œil mieux éclairci, le talent réel, pour ne pas dire la *valeur intrinsèque*, de cette idole que j'encensois presque aveuglément.

M.lle Georges, puisqu'il faut le dire, ne me paroît pas appelée à la gloire de se frayer une route nouvelle dans la carrière théâtrale. Elle a beaucoup d'intelligence, et beaucoup plus qu'on ne lui accorde généralement; mais le génie de l'art, cette flamme du feu le plus rare, qui, en illuminant quelques esprits privilégiés, leur donne de sublimes inspirations; voilà ce que cette actrice n'aura peut-être jamais, si l'on peut en juger du moins par ce que nous avons vu d'elle depuis quatre ans. Mais tous les artistes qui se sont illustrés, n'étoient pas des génies créateurs, et l'on peut quelquefois se consoler de n'être que l'imitateur des grands maîtres, lorsqu'on voit tánt d'*originaux* si peu dignes d'être imités. Tel est

le motif de consolation qu'on peut juste-
tement donner à notre jeune actrice, en
ajoutant comme Marmontel,

Georges copie, on diroit qu'elle invente.

En effet, je l'ai vue dans plusieurs rôles
au-dessus de ses forces, faire un si judicieux usage des bonnes traditions et des
bons conseils, que tous les spectateurs,
charmés, applaudissoient avec transport ;
mais quand on n'a que cette ressource
pour réussir, il ne faut jamais se lasser de
l'employer ; il faut que l'art soit sans cesse
en travail, et masque jusqu'aux plus petits
jours par où l'avide regard de la critique
pourroit percer ; et malheureusement une
pareille contension d'esprit est au-dessus
des forces d'une personne de 20 ans, belle,
flattée de toutes parts, amie de la louange
et des plaisirs, et nécessairement portée à
la mollesse.

L'âge de M.lle Georges, ce bel âge que
tant de femmes lui envient, est aussi une

espèce d'empêchement à ses succès dans plusieurs espèces de rôles. Elle est trop grande, et en apparence trop majestueuse pour ceux des princesses amoureuses et ses 19 ans se font aussi un peu trop sentir dans le timbre de sa voix, lorsqu'elle revêt la pourpre royale ou l'austère manteau des dames romaines. C'est pour jouer, et très-bien jouer un jour *Clytemnestre*, *Semiramis*, *Emilie*, que cette actrice me paroît faite; elle en a déjà toute la majesté; ses gestes sont nobles, faciles, imposans; on reconnoît à sa démarche qu'elle s'est bien pénétrée de l'esprit du personnage; mais sa voix, cette voix adolescente qu'elle veut enfler, la trahit à chaque moment, et surtout dans les longs *couplets*; ainsi, dans le rôle de Clytemnestre, qu'elle représente parfaitement à l'œil, il lui est absolument impossible de faire à l'ouïe la même illusion. Ajoutez à cette foiblesse naturelle d'organe, un léger défaut de prononciation, et vous sentirez qu'à cet égard, M.lle

Georges a, par rapport à M.lle Duchesnois, un désavantage marqué ; mais dans
dix ans d'ici, elle sera peut-être mère ; elle
pourra du moins avoir l'instinct de la maternité ; son organe, changé par l'âge et le
travail, aura acquis la force et l'accent analogues à l'état et aux sentimens des personnages de son emploi, et alors, où je
serai bien trompé, elle pourra être placée
au rang de nos grandes tragédiennes.

Puisque l'on s'est plu pendant si long-
temps à mettre aux prises les partisans de
M.lles Georges et Duchesnois, il faut bien
établir ici, au moins en passant, une comparaison entre ces deux actrices également
célèbres.

M.lle Duchesnois, comme je l'ai déjà
dit, excelle dans l'expression de l'amour
passionné ; rendant avec la même vérité et
le même feu l'extase d'une ame qui s'abandonne aux délices de l'amour, les fureurs
d'une amante impérieuse qui se croit tra-
hie, et les angoisses du désespoir ; elle a

dans le cœur une corde sensible que la seule idée de l'amour fait vibrer avec une prodigieuse énergie, et dont tous les sons vont retentir profondément dans l'ame de ses auditeurs. Une fois que cet organe particulier a reçu l'impression qui lui est propre, l'actrice peut se passer d'art, et n'a plus besoin que de s'abandonner à cette impulsion intérieure ; elle peut même alors, et sans aucun effort d'intelligence, s'élever au sublime du pathétique; mais, pour suivre la métaphore, il s'en faut que tous les sentimens tragiques agissent avec la même puissance sur cette *corde sensible*; l'amour maternel n'en tire communément que des sons forcés ; l'enthousiasme d'admiration ne la fait presque jamais vibrer naturellement; et il semble qu'elle se détende tout-à-fait dans les scènes de haute politique.

M.lle Georges, au contraire, en qui l'esprit agit plus que les sens, et qui a plus d'*irritabilité* dans la tête que dans *le cœur*,

demeure pour l'ordinaire un peu en-deçà
des bornes, lorsque la nature de la situation exigeroit presque qu'elles les passât ;
elle ne dira point, par exemple, avec autant de passion et de *vérité* que sa rivale, ces vers qui caractérisent le rôle de
Phèdre :

Ce n'est point une ardeur dans mes veines
    cachée,
C'est Vénus tout entière à sa proie attachée,

Ni la déclaration presque *dévorante* de
cette Phèdre à Hyppolite ; ni le terrible :
Sortez, de Roxane, qui est le *nec plus
ultra* de la force tragique dans ce qu'on
peut appeler le *Genus febriculosum;* mais,
si elle enfonce le trait moins avant, si elle
imite plus l'amour qu'elle ne l'exprime ; il
y a, si je puis m'exprimer ainsi, plus d'harmonie dans l'ensemble de son jeu, plus de
pureté dans sa diction, et lorsqu'elle se
voit placée dans le genre qui lui est propre,
celui qu'on nomme le genre admiratif,

elle y trouve presqu'autant d'inspirations heureuses que M.lle Duchesnois dans le pathétique amoureux. Sa touche, moins vive, est aussi moins inégale et plus large ; elle parle un peu moins au cœur, mais elle impose plus à l'esprit ; dans Phèdre, entr'autres, elle reste au-dessous de M.lle Duchesnois, parce que le sentiment domine dans ce rôle, et à un tel point, qu'il en absorbe en quelque sorte les mœurs, c'est-à-dire ce qui, dans la plupart des autres pièces de théâtre, fait ou doit faire le principal objet des études de l'*artiste*-comédien. Encore est-il facile de remarquer que dans ce même rôle de Phèdre, où M.lle Georges a, généralement parlant, le désavantage ; elle fait briller par intervalles des beautés dont le talent de sa rivale n'est pas susceptible, et cela quand une situation tempérée lui permet d'employer toutes les ressources qui lui sont propres, savoir : celles de la diction, de la tradition, de l'intelligence et le beau développement de ses gestes. En un mot, elle vaut mieux que M.lle Duchesnois dans les premières scènes de Phèdre, qui ne sont malheureusement pas destinées à produire le plus d'impression, mais dans les autres, entraînée ou forcée de paroître entraînée par les mouvemens extrêmes du rôle, tout son art lui devient insuffisant ; elle s'embrouille, divague, et confondant toutes les nuances, elle manque presque tous les effets.

Par bonheur (je ne dis pas pour nous, mais pour M.lle Georges), il n'y a pas deux Phèdres au théâtre, et l'on compte beaucoup de rôles où l'usage de ses ressources est avantageux ; de ce nombre est *Sémiramis* ; la superbe souveraine de Babylone doit, dira-t-on, exprimer au moins en quelques endroits la tendresse maternelle, et ce n'est pas en ce genre qu'excelle M.lle Georges ; cette critique porte plus sur l'auteur que sur l'actrice ; en effet, si Voltaire fait de sa Sémiramis une reine-mère, il ne lui donne guères que les sentimens d'une reine; et voilà ce que M.lle Georges jouera toujours bien, toujours mieux que M.lle Duchesnois. Peu d'actrices y brillent d'une majesté aussi imposante, et font ressortir plus habilement les richesses poétiques de ce beau rôle.

Je n'ai plus maintenant d'autres conseils à donner à cette actrice, que celui de travailler sa voix et sa prononciation avec persévérance. Elle n'articule pas encore assez nettement, il en résulte qu'elle paroît quelquefois manquer d'énergie; et que pour suppléer à ce défaut, elle est alors forcée de déclamer avec emphase. Cette boursoufflure est toujours froide au théâtre, parce que toutes les nuances s'y confondent, et que Boileau a eu raison de dire :

Le cœur n'est point ému de ce qu'il n'entend pas.

Il faut donc que M.lle Georges apprenne

à parler, et surtout à serrer son débit. Combien d'acteurs peu favorisés de la nature, par rapport à l'organisation physique, ont eu le talent de produire de grands effets par la seule ressource d'une diction ferme et soutenue, et sans même élever la voix au-dessus du *medium*. Si M.lle Georges, qui est une si belle actrice, et qui possède d'ailleurs tant de moyens de réussir, parvenoit à faire de son organe ce que Talma, par exemple, sait faire du sien dans les rôles de César et de Nicomède, à quel degré de supériorité ne seroit-elle pas sûre de parvenir !

GONTHIER.

Ci-devant au théâtre Français.

La douce figure de ce jeune homme manque de physionomie au théâtre, et son organe est peu tragique ; il n'a malheureusement pas assez de talent acquis pour suppléer à ce double défaut ; mais en le

suivant avec attention, nous avons eu sujet de reconnoître quelque intelligence
dans ses intentions et du naturel dans son
débit. Peut-être qu'en étudiant les bons
modèles, il se fera une idée plus juste de
la véritable dignité, et qu'alors il pourra
remonter avec succès sur la scène tragique.
Il est passable dans la comédie.

GONTHIER (Mme.)

Opéra-comique.

On ne l'appelle plus que la *Mère Gon-
thier;* toute autre qualification lui seroit
injurieuse, et auroit l'air d'une dérision.

Elle remplit les rôles de duègnes, de
vieilles paysannes; et aucune actrice, à
notre connoissance, n'a su produire, dans
cet emploi, une illusion aussi complète.

Figure de *bonne-femme*, physionomie
expressive, débit prompt et varié, diction
pure et naturelle, caquetage de commère,
caractère mobile, alternativement nuancé

de gaîté et de sentiment ; manières franches et comiques, inflexions de voix plus comiques encore ; elle a tout ce qu'on peut désirer dans un emploi où l'art ne doit jamais se faire sentir, et où la profondeur d'intentions seroit au moins une qualité superflue, si elle n'étoit un contre-sens.

On pourroit lui reprocher de ne pas éviter assez soigneusement la charge, et d'employer, pour faire rire, des ressources un peu triviales, dont elle se passeroit beaucoup plus facilement qu'une autre.

Je lui conseillerai, néanmoins, de ne jamais sortir de son genre (le commérage) pour jouer, comme elle l'a fait quelquefois, des rôles de mères-nobles à grands sentimens ; la dignité n'a jamais été et sera moins que jamais son lot ; et ce seroit, de sa part, renoncer à des succès certains pour s'exposer imprudemment à l'ingratitude du public,

« Qui ne se pique pas d'avoir de la mémoire. »

Les rôles où cette actrice de la nature est véritablement inimitable, sont : Alix (des trois Fermier et de Blaise et Babet), Mopsa (du Jugement de Midas), la Bavarde, de *Marianne;* la Vieille paysanne, d'*Adèle et Dorsan;* la mère Bobi (de Rose et Colas); Babet (de Philippe et Georgette), et surtout, la Nourrice, de *Fanfan et Colas.*

G O Y O N.

Ballets de l'Académie Impériale de musique.

Son emploi est, tantôt de faire *le diable,* tantôt de jouer les rôles de paysans; il a été, dans sa jeunesse, un danseur très-vigoureux, qui battoit l'entrechat à dix avec une facilité prodigieuse. Aujourd'hui, qu'il a un peu moins d'*énergie* et de souplesse dans le jarret, il cherche à nous en dédommager par l'expression de sa pantomime, qui est en effet très-comique et très-animée; mais on lui reproche de se laisser emporter par son ardeur, et de tomber quelquefois dans la charge. Le rôle du Dansomane est son triomphe ; et il y seroit difficilement remplacé.

GRANDMÉNIL.
Théâtre-Français.

Il a joué long-temps à Bordeaux l'emploi des valets à grande livrée, et il y étoit excellent.

Depuis quatorze ou quinze ans qu'il est à la comédie française, il a adopté les rôles à manteau et ceux de financiers, où il ne réussit pas moins.

Cet acteur a ce qu'on peut appeler la verve comique et l'intelligence la plus parfaite ; sa physionomie est toujours expressive ; son regard vif pétille d'esprit, et ses gestes, extrêmement prompts, n'obéissent qu'à l'impulsion de la nature. Il porte en lui un foyer toujours ardent qui donne la vie aux rôles les plus insignifians, et réveille la gaîté la plus engourdie,

(39)

Il a , en outre, ce qu'aucun acteur moderne n'a conservé dans les rôles comiques :
le bon ton , le ton plaisant sans indécence
ni trivialité. On pourroit, toutefois, lui
reprocher quelques traits d'exagération ,
et des gestes trop abandonnés.

On a remarqué avec raison que les forces
physiques de cet excellent comédien ne
répondoient pas à la *verdeur* de son talent ; il y a des rôles de longue haleine , et
d'un caractère très-prononcé, dont il ne
peut, par cette raison , exprimer toutes les
beautés ; et le spectateur, attentif, devinant
la profondeur de ses intentions ,

« Les voit avec regret expirer sur ses lèvres. »

Mais il n'est pas dans l'ordre des choses
qu'il existe rien de parfait ; et c'est à-
peu-près par ce seul défaut de forces que
Grandménil paye son tribut à la nature.
Quoi qu'il en soit, même dans les rôles
dont nous parlons, il conserve sa supériorité sur tous ses rivaux , et il sait nous dé-

dommager de quelques instans de foiblesse, par des éclairs de talent admirables.

GRANGER.

*Ci-devant à l'Opéra-Comique, mainte-
nant à Rouen.*

Il a paru avec éclat aux Italiens en 1782, et y a été applaudi jusqu'à l'époque de la révolution. On le croira sans peine, en jugeant de ce qu'il a dû être, par ce qu'il est encore aujourd'hui à l'âge de 56 ans. Granger est un acteur du premier rang. Ce n'est pas qu'on ne puisse lui reprocher quelquefois de ces négligences, de ces inattentions auxquelles les meilleurs acteurs deviennent sujets par l'habitude de jouer en province; mais ces légers défauts qui frappent l'œil exercé du critique, sont rachetés par un débit chaud, varié et presque toujours juste par un geste heureux et un naturel exquis. Il excelle dans le Joueur, le Glorieux, la Métromanie, le Menteur, Paméla, le Philinte de Fabre, et généralement dans tons les rôles qui demandent à être sentis vivement et rendus avec cette noblesse et cet élan de l'ame qui commandent les applaudissemens.   G.... L.

GRANDVILLE.

Théâtre de l'Impératrice.

Cet acteur, d'un âge mûr, s'est formé en province. Il croit sans doute pouvoir jouer également bien les rôles de financiers, de pères-nobles, de vieillards ridicules, et de valets fripons; mais il faut au moins lui conseiller de rayer ces derniers de son répertoire. Il a paru lourd et froid dans le rôle de valet, de *Marton et Frontin*, et dans le Pasquin *des Jeux de l'Amour et du Hasard*. Sa physionomie, un peu triste, son timbre de voix, et sa taille massive, forment trois sortes de contre-sens dans un emploi où la gaîté, la finesse et l'agilité, sont des qualités indispensables.

Il joue incomparablement mieux les rôles à manteau et les *Géronte* ; on ne peut même se dispenser d'avouer qu'il a une diction facile, correcte et bien nuancée ; qu'il saisit bien le caractère de ses personnages ; qu'il fait valoir convenablement les traits d'esprit et les mots comiques de ses rôles ; en un mot, qu'il joint à une grande habitude de la scène un parfaite intelligence.

GRANIER. (M.me)

Académie Impériale de Musique.

Cantatrice, élève de l'Ecole de chant fondée dans l'Académie impériale de musique, pour faire opposition au système trop ambitieux du Conservatoire.

Cette débutante a du goût naturel ; elle chante sagement ; mais ses forces ne répondent pas toujours à ses intentions, et son chant manque souvent d'effet, ainsi que sa déclamation.

G R O S. (M.lle)

Théâtre Français.

Cette jeune et belle actrice semble avoir voulu donner un démenti à cette sentence :

« Tel brille au second rang, qui s'éclipse au premier.

Après avoir débuté avec quelque succès dans les *premiers rôles* tragiques (ceux de reines et de grandes princesses), elle a travaillé chaque jour à détruire dans ceux de confidentes toutes les espérances que ses débuts avoient fait concevoir de son talent. Est-ce dédain pour son nouvel emploi, est-ce découragement ou insouciance ? Il ne nous appartient pas de décider cette question. Nous pouvons seulement exprimer le regret qu'avec une taille aussi riche, une si belle figure dans les

proportions grecques , et autant d'avantages physiques , elle cède si facilement à
d'autres la part de succès et de gloire qui
auroit pu lui revenir. Nous sommes d'autant mieux fondés à blàmer cette résignation
que M.lle Gros avoit fait remarquer dans
sa façon de jouer quelques rôles, des beautés de très-bon augure; elle s'étoit montrée
susceptible d'enthousiasme, surtout dans
Aménaïde , de Tancrède; et aucune actrice
n'a peut - être dit depuis elle , avec autant
de flamme et d'énergie, ce vers si parfaitement en situation :

Il devoit présumer qu'il étoit impossible...

Par malheur ce n'étoient-là que des éclairs,
et, pour suivre la métaphore, ils brilloient
le plus souvent dans d'épaisses ténèbres.

Maintenant ils ne brillent plus du tout;
et nous sommes dispensés par-là d'un plus
long article.

M.lle Gros étoit élève de Dugazon.

GUÉNÉE.

Vaudeville.

L'esprit qu'on veut avoir gâte celui qu'on a.

Faire à ce débutant l'application d'une pareille maxime, c'est à-peu-près reconnoître qu'il ne manque pas d'intelligence : telle a été aussi mon intention. Il a , en outre , beaucoup d'aisance, de feu et de légèreté ; mais je ne sais quel air de hardiesse et de satisfaction, qui paroît lui être personnel , se mêle malheureusement à ces qualités si précieuses, et en détruit quelquefois tout l'effet. Qu'un acteur ait le sentiment de son mérite, cela est excusable , et même cela est heureux ; mais le fin du métier est de dissimuler ce parfait contentement de soi-même; autrement, le public se fâche , et ce n'est pas sans fondement qu'on a dit :

C'est usurper nos droits; le jaloux spectateur
S'attriste avec raison du *plaisir* de l'acteur.

Le jeune Guénée paroît se destiner aux

rôles de petits-maîtres; et il a, pour y réussir, outre l'esprit de son emploi, les agrémens de la figure, un son de voix flateur, et des manières assez distinguées. Il seroit à désirer seulement, qu'au moyen d'une chaussure bien entendue, il pût déguiser la forme un peu grêle de ses jambes, qui ne sont point dans la parfaite direction de son corps.

Chanteur médiocre.   S. V....r.

HAUBERT-LE SAGE (M.me)

Opéra Comique-Feydeau.

Les débuts de cette actrice furent très-brillans ; à peine âgée de quatorze ans, elle annonçoit une digne rivale de madame Scio, et les journaux du temps n'étoient remplis que de ses éloges. Mais alors elle avoit une figure charmante, et dont les traits n'avoient point encore perdu de leur finesse.

Un mal qui répand la terreur,
Mal que le ciel en sa fureur
Inventa pour punir les crimes de la terre,

Et contre les ravages duquel on n'avoit point encore employé le miraculeux spécifique de Jenner (1), détruisit tout-à-coup une partie des charmes de Mlle. Lesage, et ne lui laissa pour moyen de succès qu'une belle voix, digne du grand opéra. Elle supporta ce revers avec courage, se roidit en quelque sorte contre la destinée, et finit, à force de soins et de travail, par se placer dans l'estime publique au rang des plus utiles sujets de son théâtre.

Ce qui lui reste de sa première beauté n'est pas toutefois à dédaigner ; et son accident ne lui a pas du moins fait perdre un avantage dont elle tire souvent parti à la scène, dans les rôles de travestissemens, savoir : celui de la régularité des formes, de

––––––––––––––

(1) La Vaccine.

la petitesse du pied, et de la finesse de la jambe. Je ne sais quel journaliste s'étant un beau jour extasié à la vue de ces objets charmans, la jambe et le pied de madame *Haubert* sont devenus des objets célèbres dans tout Paris, où ils ont même passé en proverbe comme les *nez à la Romaine,* et les *yeux à la Montmorency.*

Les connoisseurs qui reprochent à M.lle Rollandeau une manière trop brillante et trop recherchée, pourroient reprocher à Mme. *Haubert* un défaut absolument contraire; son chant est pur, sa méthode sage, et ses moyens physiques la servent bien; mais on lui voudroit un peu plus de ce goût exquis, et de cette verve musicale, qui font les grandes cantatrices.

On lui souhaiteroit aussi, dans les grands rôles que lui a laissés Mme. Scio, une physionomie plus distinguée, un extérieur plus imposant, moins de sensibilité factice, moins de routine, et un débit plus affermi.

Madame Haubert est beaucoup mieux dans les rôles de jeunes garçons, pour lesquels elles se sent aussi de la prédilection. Personne ne joue mieux qu'elle maintenant le Fulbert du *Petit Matelot*, et le *Lindor* de la Jeune Prude.

HENRY.

Ballets de l'Académie impériale de musique.

Je compte ce jeune élève de Terpsychore au nombre des danseurs de l'Académie Impériale de musique, parce que s'il n'y est pas rentré au moment où j'écris son petit article, je dois croire du moins qu'il entend assez bien ses intérêts, pour y reprendre bientôt sa place.

Henry a de très-belles dispositions pour la danse grave ; et quand il s'efforce à faire des entrechats ouverts, des pirouettes et des sauts en avant, à l'exemple de Vestris et du petit Duport, il s'écarte

imprudemment de son vrai genre, il ha-
sarde sa réputation.

Sa taille élevée, qui est un avantage
dans la danse héroïque et majestueuse,
est presque un défaut dans le demi-ca-
ractère, qui exige plus de prestesse que
d'aplomb, moins de correction que de
brillant, et où il faut en quelque sorte
escamoter ses jambes, chose difficile
quand on les a longues.

Henry n'a pas la figure très-agréable,
mais il est très-bien fait de corps, et représente fort bien à la scène.

Ceux qui le placent au premier rang
de nos danseurs, sont payés pour le flatter
aux dépens de la vérité, ou ne sont pas
de vrais connoisseurs. Henry a de la force,
de l'aplomb, de l'élévation ; mais ses développemens n'ont pas encore toute la grace désirable, et l'ensemble de sa danse
manque de charme.

Inférieur à Deshayes pour la noblesse et
la précision , il l'est bien plus encore

à Didelot pour la souplesse des mouvemens, l'élégance des attitudes et l'expression de la pantomime.

Henry est toutefois un sujet distingué,
et dont l'absence prolongée ne pourroit
qu'être préjudiciable aux intérêts de l'o-
péra.

N. B. Il compose aussi des ballets;
les amateurs de chorégraphie lui reprochent de n'y rien entendre; mais je ne
suis pas juge en cette matière, et je veux
bien croire qu'il y excelle.

H E N R Y (Mlle.).

Ci-devant à l'Académie Impériale de
musique.

Cette actrice, sœur du précédent, a
été long-temps attachée à l'opéra, où elle
remplissoit les rôles de princesses.

Quelques intrigues de coulisse, et peut-
être aussi l'affoiblissement de sa voix, la
forcèrent de prendre sa retraite, et après

quelques années passées dans le silence de la méditation , elle s'élança hardiment sur le théâtre Français.

Elle fit ce qu'on n'avoit jamais vu à ce théâtre , depuis Mlle. Dangeville ; elle y joua de prime abord et avec un égal succès , les rôles de grandes coquettes , d'amoureuses et de soubrettes.

Quand je dis avec un *égal succès*, je me conforme exactement à la vérité matérielle ; car elle fut constamment applaudie , et toujours dans la même proportion ; je dirois presque qu'elle le fut par les mêmes personnes.

Si l'on me demande maintenant le rôle qu'elle a le mieux joué , au jugement des connoisseurs , je répondrai sans balancer : c'est la *Lisette* des Folies amoureuses ; si elle n'y a pas montré autant de gaîté naturelle , que d'intelligence et d'esprit, elle a du moins pour excuse , la manière dont le rôle est tracé ; on sait que Regnard a sacrifié dans presque tous ses ouvrages, la vérité et les convenances au plaisir de les rendre piquans par d'excellens traits de satire ; presque tout le rôle de Lisette est un feu roulant d'épigrammes , et l'esprit de Mlle. Henry, joint à sa grande volubilité de langue , étoit pour s'y faire applaudir de tout le monde , un moyen plus que suffisant.

Mais il lui falloit d'autres ressources dans les rôles de la *Coquette corrigée* et de *Roxelane* , je ne dis pas pour obtenir toutes les apparences d'un grand succès (ce n'est plus aujourd'hui un secret difficile) mais pour réussir *réellement* et se concilier les suffrages des gens de goût. Aussi n'a-t-elle paru que médiocre dans le premier de ces rôles , et n'a-t-elle pas osé jouer le second plus d'une fois.

Mlle. Henry est d'une taille élancée ; on pourroit lui souhaiter une physionomie plus mobile , plus expressive , un peu plus d'embonpoint et des formes moins angulaires ; mais elle possède d'autres avantages , et ils compensent bien ce qui lui manque.

Son organe est plein et flexible ; elle prononce avec assez d'aisance et de netteté ; sa diction est pure, naturelle et bien nuancée ; il est facile de reconnoître que cette actrice a une parfaite intelligence, car elle n'omet aucune des *intentions* de son rôle ; et s'il ne dépend pas d'elle de leur donner tout le relief desirable , elle les *indique* toujours assez du moins , pour être à l'abri du reproche de ne les avoir pas senties. Ses gestes sont faciles et quelquefois développés avec grace ; mais ne pouvant peindre largement elle s'efforce de plaire au public par un jeu continuellement fin et descriptif, et cette méthode ingénieuse, inventée comme un *subterfuge* par les acteurs dépourvus de verve comique , absorbe en quelque sorte tous les grands effets de situations et de caractères.

Sa démarche est aisée, son maintien

décent , mais elle a peu de moyens physiques , et sa poitrine paroît foiblir
dans les longues périodes , ce qui l'oblige
de recueillir péniblement toutes ses forces
pour donner à la fin de chaque tirade
ce que les comédiens appellent le *Coup-
de-fouet*

Je ne trouve en dernier résultat, rien
d'aussi conforme à mon opinion , sur le
talent de cette actrice , que ce jugement
rapide de mon beau-frère , le *Vieux
comédien* (1).

« Qu'ils se contentent de nous la représenter comme douée d'une intelligence
très-subtile ; qu'ils vantent son esprit ,
son adresse, la souplesse de son talent,
qui sans s'élever jamais au-dessus d'une
brillante médiocrité, se plie naturellement
à tous les genres , plaît dans plusieurs,
et n'est désagréable dans aucun ; qu'ils
vantent la pureté facile de sa diction , et
l'aisance de son maintien ; et personne

____

(1) Journal de Paris , du 5 septembre 1807.

alors dans Paris ne sera tenté de les contredire ; mais des transports ! de l'extase !
du délire ! des acclamations à fendre la
tête ! c'est aussi trop compter sur notre
bonhomie ; c'est manquer le but en voulant le passer : de pareilles exagérations
nous forcent d'examiner enfin , je ne dis
pas le visage de Mlle. Henry (ici une
parenthèse , galante en manière de réti-
cence) mais sa physionomie qui est peu
théâtrale , sa voix qui a de la sécheresse
(je ne suis pas tout à fait d'accord avec
le Vieux comédien sur ce point), son
geste , qui est trop souvent descriptif; en
un mot l'ensemble de son jeu , où l'on
ne reconnoît pas cette force comique , ce
caractère de vérité , ce charme secret et
indicible , qui est le privilége des grands
talens , c'est-à-dire des talens naturels ,
car on ne sauroit trop répéter cette vieille
sentence :

Rien n'est beau que le vrai , le vrai seul est
  aimable.

Et Mlle. Henry, qui a beaucoup d'art,

pourroit en avoir encore plus sans mériter d'être placée au rang de nos grandes
comédiennes ».

« Il y a encore un vieux proverbe, dont
mille circonstances nous ont prouvé la
vérité, c'est que ceux qui aiment tout
le monde n'aiment personne; on pourroit
dire aussi des comédiens, que s'ils sont
propres à jouer tous les rôles, ils n'excel-
leront jamais dans aucun ». (l'application
de cet axiome est juste en cette occasion;
mais il ne faudroit pas trop la généraliser).

Au surplus, ajoute mon bon homme
de frère, je regarde Mlle. *Henry* comme
une des *premières* actrices de cette classe
secondaire (ce n'est pas ici une vaine
antithèse) et je crois pouvoir lui garantir
des succès sur quelque théâtre de Province qu'elle se présente (je me rends
son second garant).

HENRY.

Vaudeville.

S'il vouloit parler plus simplement, et surtout éviter le retour trop fréquent de certaines inflexions ridicules, Henry vivroit encore long-temps sur la réputation que lui avoient faite il y a quinze ans, l'élégance de sa taille et l'expression gracieuse de sa figure.

Il ne sera jamais compté au nombre des grands comédiens ; mais il y a dans son talent comme dans les traits de son visage, un certain caractère de douceur et d'honnêteté, qui le fait aimer du public ; il a en outre de l'intelligence, du sens, de la bonne volonté ; et les auteurs, ainsi que ses camarades, n'ont jamais eu qu'à se louer de ses procédés.

HERVEY (Mme).

Théâtre du Vaudeville.

Si j'étois directeur de spectacle, et

qu'une de mes actrices , aimée du public , profitât des avantages de sa situation pour s'élever au-dessus de toutes les règles de mon théâtre, je ne ferois assurément pas la sottise de lui donner son congé , car ce seroit compromettre imprudemment les intérêts de mon entreprise ; et il est plus d'une couleuvre , que les administrateurs expérimentés , doivent avaler sans mot dire ; mais , comme il ne peut être défendu de prendre tacitement ses précautions , je tâcherois de m'assurer sans affectation , un recours contre les caprices de ma capricieuse pensionnaire , en plaçant auprès d'elle une petite actrice , de bonne volonté , capable de la remplacer au besoin dans tous ses rôles , et pourvue d'assez de talent pour y mériter , du moins en apparence , tous les applaudissemens que je lui procurerois ; car je tâcherois de former à celle-ci , par les moyens connus, une sorte de réputation vraie ou factice , élevant ainsi autel con-

tre autel , pour contraindre l'actrice ambitieuse à ne plus négliger des devoirs
dont une autre s'acquitteroit pour elle
avec succès ; et , ranimant par cette ri-
valité , la curiosité de nos innombrables
gobe-mouches , toujours prêts à prendre
parti dans les querelles de comédiens.

Telle a été au théâtre du Vaudeville,
l'histoire de mesdames *Belmont* et *Hervey* , dont l'une a fini par céder dédai-
gneusement la place à sa rivale, pour
aller moissonner d'autres palmes sur un
théâtre plus élevé. Quoique Mme. *Hervey* , ne soit pas une actrice sans mérite , il est à croire qu'elle doit la plus
grande partie de sa gloire au machiavé-
lisme bien entendu de ses Directeurs,
qui ayant eu peur de Mme. Belmont,
avoient voulu opposer à celle ci une rivale ; ainsi lorsque Voltaire menaçoit de
sa dictature toute la république des lettres , on tenta d'exhausser *le franc de
Pompignan* ; ainsi le Sénat de Rome

H U B Y.

Académie Impériale de Musique.

Belle basse-taille ; méthode de cathé-drale ; peu d'expression et peu de goût ; il n'a point assez de flexibilité dans la voix pour chanter les rôles de Laïs ; mais comme cette voix a du corps et du mor-dant, il peut très-bien remplacer Du-fresne dans la plupart des rôles de grands prêtres.

Comme acteur, il a peu de graces, mais il ne manque ni de justesse dans la diction, ni de fermeté dans le débit. Sa taille paroît un peu grêle, mais il a de l'œil, de la physionomie, et en un mot ce que les peintres sont convenus d'appeler un très-beau caractère de tête.

H U E T.

Opéra Comique-Feydeau.

Nous l'avons vu passer du théâtre des

Malheureusement les avantages physiques , font au théâtre la moitié du talent; et sous ce rapport on ne peut le nier, M.me *Hervey* ne pourroit être comparée à sa rivale. Il ne faut que voir entrer madame Belmont , pour être porté à l'applaudir ; il faut écouter quelque temps madame Hervey , pour reconnoître tout son mérite ; et encore ce mérite-là ne produit-il que rarement de grandes sensations. Madame Belmont en un mot joint à un talent très - agréable tout le charme de la beauté et le prestige de la coquetterie ; tandis que M.me Hervey, jolie , mais sans éclat , spirituelle mais sans charlatanisme , n'a presque jamais l'air que d'une grisette habillée , et semble n'être pas destinée par la nature à jouer en chef les premiers rôles.

L'emploi qui lui conviendroit le mieux, seroit sans doute celui des soubrettes.

effrayé de la gloire immense de César, exalta outre mesure les services et la valeur de Pompée.

Aujourd'hui que madame *Hervey* se trouve pour ainsi dire réduite à sa juste valeur, les petites intrigues ayant cessé, il est un peu plus facile d'apprécier son talent, et de dire la vérité sur son compte, sans heurter l'opinion publique.

Cette actrice n'est pas d'une taille élevée. Quoique jolie, elle ne paroît pas assez jeune pour jouer également bien tous les rôles d'amoureuses. Sa voix, agréable dans le *parler*, devient sèche et quelquefois aigre lorsqu'elle chante.

Comme actrice, M.me Hervey, vaut pour le moins M.me Belmont, surtout dans les rôles piquans, qui se composent d'épigrammes et de persifflage ; elle a moins de graces et de noblesse dans le maintien, mais sa diction est plus naturelle, son débit plus ingénieux. Elle est plus comédienne enfin.

II.   6

Troubadours , où il végétoit obscuré-
ment , sur celui de Rouen , où il a eu
le bonheur d'acquérir une sorte de réputation qui lui a valu son retour à Paris.

Cet acteur double alternativement *Elleviou* et *Gavaudan* ; il n'a ni l'excellente méthode de chant du premier , ni
la physionomie théâtrale du second ; moins
léger , moins ingénieux , moins brillant
qu'*Elleviou* , il est loin d'exprimer avec
autant de feu et d'énergie que Gavaudan
les passions vives et terribles ; mais avec
un sorte de talent mixte , qui ne paroît
plus guères susceptible de s'élever davantage , il a marqué honorablement sa
place parmi les acteurs et chanteurs
du second ordre (1). C'est dire assez
que , s'il n'est pas appelé à de très-grands
succès , son intelligence le met du moins

____

(1) Nous parlons dans un sens relatif , et
par rapport aux autres acteurs du théâtre Feydeau.

à l'abri des grands revers, et qu'il peut se rendre très-utile à son théâtre, où l'on est souvent forcé de préférer l'honnête médiocrité d'un acteur soigneux et zélé, à la haute célébrité de l'Artiste infatué de lui-même, qui se croit affranchi de toute règle, ou quitte de toute obligation.

Huet est un assez bel homme ; il paroît habitué à la scène, et doué d'une mémoire très-facile. Sa diction est ordinairement correcte et juste ; il ne manque ni d'aplomb, ni d'aisance ; mais on lui souhaiteroit un goût plus pur ; ses gestes annoncent de l'affectation, et cette sorte de pédantisme, qu'on a de tous temps reproché aux comédiens de province. Il n'a pas l'articulation très-nette ; la façon dont il prononce les rr tient du *grasseyement* des Parisiens, et de la prononciation âpre des Provençaux, ce qui donne quelquefois à son débit le caractère d'une déclamation bourgeoise.

Huet est assez déplacé dans les rôles de jeunes étourdis qui exigent une grande volubilité de voix et des façons très-cavalières, mais il mérite souvent d'être applaudi dans les rôles d'amoureux honnêtes où il faut faire étalage de beaux sentimens ; aussi joue-t-il avec assez de succès ceux de *Félix* et du *Déserteur.*

Sa voix n'a pas un timbre merveilleux, et il n'est pas autrement musicien, mais il chante sans prétention , et avec une réserve si prudente qu'on n'est pas tenté de juger sa méthode avec une grande sévérité.

H Y M N. (M.lle)

Académie Impériale de Musique.

Charmante élève du Conservatoire.

. . . . . . Un dix avec un sept
Composent l'âge heureux de ce divin objet.

Il me faudroit le pinceau de l'Albane, ou tout au moins la plume brillante de Colardeau, pour peindre les graces de sa figure, l'expression ravissante de son regard et de son souris; or, comme je ne suis ni poëte ni peintre, je n'entreprendrai pas son portrait.

M.lle Hymn est bonne musicienne; elle obtint, il y a deux ans, le premier prix de chant au conservatoire, et depuis ce temps, elle a singulièrement perfectionné sa méthode. Sa voix est fraîche, pure, flexible, et passablement sonore; mais le volume n'est peut-être proportionné ni à la *grandeur* du théâtre de l'Opéra, ni à la *force* des rôles que M.lle Hymn est tenue d'y jouer.

Cet organe naturellement doux et mélodieux, perd une partie de son velouté et même de sa justesse dans les morceaux de musique-dramatique, qui doivent exprimer des passions extrêmes; il paroîtroit d'autant plus agréable dans l'Opéra-

Comique, que M.lle Hymn y seroit moins souvent obligée d'altérer la pureté du son, en s'efforçant d'en augmenter l'éclat; et qu'à cet avantage de pouvoir mieux diriger sa voix, elle joindroit celui de la faire valoir encore par les graces piquantes de son jeu, bien plus analogue à ce genre frivole et léger qu'au sublime de la tragédie.

HYPPOLITE.

Théâtre du Vaudeville.

Cet acteur a une figure très-convenable aux rôles de Financiers et de fournisseurs, c'est dire qu'il ne manque pas d'embonpoint. Il a d'ailleurs des manières assez franches, du talent pour la carricature, un débit ferme, et de la gaîté. Il joue aussi avec succès quelques rôles de valets fripons, et de paysans délurés.

JAMARD (M.lle).

Académie Impériale de Musique.

Est-ce une prêtresse de Polymnie, ou une élève de Comus qui s'avance vers nous ? (1) à sa tunique et à son cothurne, je juge qu'elle a voulu se travestir en princesse ; mais examinez bien sa figure, ses bras, sa démarche et ses gestes ; remarquez le son de sa voix, l'accent de son récitatif, et la façon dont elle chante, et vous serez forcé d'avouer qu'une lardoire ou un tranchelard, seroient un peu mieux dans ses mains, que la baguette divinatoire.

Du reste, je conviendrai avec tous ses amis qu'elle vaut son prix dans l'occasion. A ne considérer M.lle Jamard, que comme une desservante du dieu des

____

(1) Comus, dieu des festins.

festins, on doit des éloges à sa figure, qui est ronde, fraîche et appétissante; et à l'étendue de sa voix, la plus belle qu'on ait entendue peut-être dans les fêtes du grand-Salon.

S. V.

JULIEN.

Opéra-Comique.

Que de fois je suis obligé de rappeler à nos acteurs cette sentence devenue triviale :

Tel brille au second rang , qui s'éclipse au premier.

Est-il réservé à Julien de faire exception à la règle ? Après avoir été le Clairval du Vaudeville, sera-t-il ou ne sera-t-il pas au théâtre de Feydeau , le digne émule d'Elleviou ? Jusqu'à ce jour la question demeure indécise.

S'il me falloit pourtant dire ce que j'en pense,

je dirois que je crains furieusement pour cet acteur, le prochain refroidissement du public, toujours disposé à redoubler de sévérité envers les acteurs qui lui semblent redoubler de prétentions.

Quand j'entends des journalistes complaisans, féliciter Julien de ce qu'il manque de voix, en disant qu'il chante plus *sagement* qu'aucun de ses camarades, je ne puis m'empêcher de songer au cénobite de M. de Boufflers,

> Qui vécut toujours chastement,
> Mais qui dut sa bonne conduite
> A son mauvais tempérament.

La vérité est que Julien fait tout ce qu'il peut pour se tirer d'affaire, et même qu'à force de soins il semble doubler ses *moyens*; mais *zéro* et *zéro* font *zéro*; et si le total des moyens de cet acteur n'est pas tout-à-fait aussi nul que celui de cette addition, on peut dire, du moins, que l'Opéra-Comique doit être loin d'y trouver son compte; et il n'y a malheureusement pas d'apparence qu'on veuille, par égard pour Julien, renoncer aux trois quarts du répertoire, ou mettre des sourdines à l'orchestre.

Il y a toutefois quelques pièces du théâtre-Feydeau, où cet acteur peut jouer avec succès; ce sont les Opéra-Comiques, tels qu'ils étoient dans l'origine, aux foires Saint-Germain et Saint-Laurent, c'est-à-dire les pièces en vaudeville, dont les airs simples et connus offroient peu de difficultés, et dont les couplets gagnoient même à n'être que *parlés sur l'air*. En joignant à ces petits ouvrages, dont quelques-uns sont injustement oubliés, deux ou trois opéra-comiques de Favart et de Sédaine, et ceux que d'autres auteurs pourroien

désormais composer , on formeroit cer-
tainement à Julien , un répertoire fort
agréable , et ce seroit alors qu'il pourroit vraiment se flatter d'être un des appuis
de son nouveau théâtre.

Et pourquoi ne remettroit-on pas à
la scène , *Achmet et Almanzine ; les
Pélerins de la Mecque ; le Soldat Ma-
gicien ; les Amours de Nanterre ; on
ne s'avise jamais de tout ; le Monde
renversé ; Nicaise ; le Maréchal fer-
rant; le Diable à quatre ; Blaise le Sa-
vetier; Acajou, etc.* , pour faire de temps
en temps diversion à l'ennui que nous
causent les superbes *invocations*, les *finales* qui ne finissent pas et tout l'appareil
scientifique de notre musique moderne ?

Comme acteur , Julien mérite des éloges ; il a de la finesse , de l'aisance et
de la légéreté ; il excelle à imiter les
manières lestes , le ton frivole de nos
petits-maîtres ; le seul reproche qu'on
seroit peut-être dans le cas de lui faire,

à cet égard , seroit de ne pas avoir toute la noblesse désirable , et d'affecter des gestes , des attitudes , en un mot , une façon d'être à la scène , qui , pour avoir paru charmante sur le théâtre du vaudeville , ne fait pas toujours bon effet sur celui de la rue Feydeau. On pourroit aussi l'engager à mieux *phraser* sa diction , qui n'est pas toujours très-correcte , et à réformer sa prononciation , dont l'accent devient un peu *nasal.*

JOIGNY.

Ambigu-Comique.

Joue les pères-nobles , sans en avoir la physionomie , ni même *l'organe* (1); en revanche , il ne manque ni de naturel ,

---

(1) Quoiqu'il y ait différens organes , entre autres ceux de la vue , de l'ouïe , de la voix , il est généralement convenu que par *l'organe* , seul et sans désignation d'appartenance , il faut

ni de chaleur ; et son jeu est assez at-tachant. L'exagération des boulevards n'a point encore gâté cet acteur.

M.. S.

J O I G N Y (M.me)

Théâtre de la Gaîté.

Joue les bavardes et les commères avec assez de vivacité et de mordant. C'est dommage qu'on lui donne quelquefois des rôles de mères-nobles ou de raison-neuses habillées, auxquels sa taille un peu irrégulière, et le caractère de sa fi-gure ne conviennent pas parfaitement.

M.. S.

---

entendre celui de la voix. Un acteur qui n'a pas l'organe de son rôle, est celui dont le son de voix n'a pas d'analogie avec le caractère plus ou moins grave du personnage qu'il représente.

JOLY.

Variétés-Panorama.

Beaucoup d'assurance dans tous ses rôles. Du naturel dans ceux de forts-de-la-Halle, de crocheteurs et de *Pásseux de la Grenouillère*. Il remplit d'une manière très-satisfaisante l'emploi illustré par Tiercelin.

S.t S . . . .

JULIÉT.

Opéra-Comique.

M. De la Reynière dans son censeur dramatique, fait un pompeux éloge de cet acteur, qui en sa qualité d'ancien *Gastronome – Praticien*, ne méritoit pas moins de cet illustre gourmand.

« Son jeu, dit le censeur, est toujours naturel et piquant ; l'extrême mobilité de ses traits, le *mordant* de sa diction, la vivacité de son dialogue , sa profonde connoissance de la scène , et surtout son soin continuel *à éviter toute espèce de charge* (1), et à ne chercher ses moyens de gaîté que dans la nature et dans la vérité , tout atteste dans Juliet un acteur vraiment précieux , pour qui la nature a sans doute beaucoup fait , mais dont l'intelligence sait si bien mettre à profit tous les dons qu'il en a reçus , qu'on voit toujours en lui le personnage et presque jamais le comédien ».

Après cet éloge amical , il est juste d'aborder le chapitre de la critique ; je crois donc devoir ajouter que Juliet s'est créé une manière un peu trop uniforme ; que sa diction n'est pás toujours des plus correctes ; qu'il a moins de finesse de tact , moins de connoissance de son art , que de *rondeur* et de gaîté naturelle ; enfin , qu'il ne paroît pas également propre

––––––––––––––––––––

(1) Quantum mutatus ab illo

à tous les genres de rôles qui composent son répertoire, et qu'il n'excelle réellement que dans le comique populaire.

Sa manière est de prendre sa voix dans la gorge, de parler bref, par saccade, et du ton le plus éclatant, de répéter souvent le même mot à la façon des bredouilleurs et des bavards, de rire très-haut, comme par accès, en s'avançant vers le public, et de forcer en quelque sorte par l'air burlesque dont il s'y prend, tous les spectateurs à faire comme lui.

Du reste il ne manque jamais l'occasion d'un rond de jambe, et de quelques gambades grotesques, dans les fêtes villageoises, ce qui produit infailliblement son effet sur la multitude, surtout lorsqu'à la fin de sa danse on le voit tomber et demeurer sur un pied, à l'imitation ou plutôt *en parodie* des beaux *à-plombs* de Vestris et de Duport.

Cet acteur joue d'une manière très-plaisante les rôles de paysans, de porteursd'eau (1), de procureurs ridicules, et toutes les caricatures qui tiennent de la farce; mais je le répète, il porte mal l'habit habillé, et semble parler une langue étrangère, quand ses rôles le forcent de prendre le ton de la bonne compagnie.

Acteur de genre, et rien de plus; ce qui ne l'empêche pas toutefois d'être un des sujets les plus précieux de son théâtre.

LABUSSIÈRE. (Charles-Hyppolite).

Il n'auroit que des titres médiocres à la célébrité, s'il n'avoit fait que monter sur les planches au théâtre bourgeois de la rue Saint-Antoine, où il jouoit assez plaisamment les rôles de Jocrisse et Ricco; mais il me falloit un prétexte de rappeler

---

(1) Celui des Deux Journées lui a fait une grande réputation.

à mes lecteurs le souvenir de ses actions
généreuses , et son titre de comédien-ama-
teur me l'a heureusement fourni.

Labussière, homme de plaisirs, fut sous
le règne de la terreur le plus imprudent ennemi des jacobins, qui alloient enfin le punir de ses sarcasmes , lorsqu'il trouva une
sorte d'asile inviolable dans les bureaux
de leur état-major (le comité de salut
public) ; là , chargé d'enregistrer les pièces
produites pour et contre les personnes dé-
tenues , il prit le parti d'anéantir les dénonciations les plus virulentes, qui lui pa-
rurent devoir infailliblement entraîner la
mort des personnes dénoncées , et sa généreuse trahison sauva la vie à des milliers
de familles , parmi lesquelles se trouvoient
les plus illustres maisons, un grand nombre de riches cultivateurs et presque toute
la comédie française (La liste s'en trouve
imprimée dans les 3e. et 4e. volumes d'un
ouvrage très-platement écrit, mais rempli
de faits curieux, qui a pour titre : Mé-

moires de Charles - Hyppolite de Labus-sière).

Les comédiens se montrèrent reeonnois-sans, en donnant, il y a environ cinq ans, à leur libérateur, ce qu'on nomme une re-présentation à bénéfice ; mais *oncques de-puis ne lui furent données autres mar-ques de bon souvenir,* et telle personne qui à l'époque des proscriptions lui avoit fait offre des plus grandes récompenses (offre constamment refusée) , ne daigne pas même s'enquérir aujourd'hui s'il possède ou non le nécessaire.

Quelques-uns de ses obligés ont même poussé l'ingratitude jusqu'à dire et faire imprimer dans les feuilles publiques, que s'il avoit sauvé la vie à telles et telles per-sonnes , ce n'avoit pu être qu'aux dépens d'un pareil nombre d'autres individus , ayant été obligé de substituer les pièces concernant ceux-ci qu'il ne protégeoit pas, à la procédure de ceux-là qu'il affec-tionnoit.

Cette chicane de l'ingratitude est fondée sur une infâme calomnie. Il ne faisoit assurément pas de substitutions arbitraires ; tout son *gâchis* (c'est ainsi qu'il appeloit son travail) consistoit à ôter des dossiers ce qui étoit à la charge des détenus , et à ralentir sous tous les prétextes imaginables , les transcriptions et envois de pièces. Il sauvoit ainsi la plus grande partie des accusés sans intervertir la marche des choses au préjudice de qui que ce fût ,...., si ce n'étoit toutefois au préjudice des commissions populaires et du tribunal révolutionnaire , qui ne trouvant pas leur compte à cette opération, dénoncèrent plus d'une fois le bureau de Charles – Hyppolite Labussière , comme cherchant à soustraire tous les coupables à la vengeance nationale.

Charles – Hyppolite Labussière est au surplus un personnage facétieux, un peu trop enclin à la raillerie, à l'indiscrétion ; beaucoup trop indifférent sur ses propres intérêts ; mais bon , officieux , capable de se sacrifier encore , s'il le falloit , pour un ami ; en un mot digne à tous égards de l'estime des hommes honnêtes , et de la faveur du gouvernement.

LACAVE.

Théâtre Français.

Hélas qu'est devenu ce temps cet heureux temps ,

où Lacave , beau d'orgueil et d'amour , jouoit à Poitiers Achille et Vendôme ; à Orléans , Mithridate et Pharasmane ; et partout marchant de triomphe en triomphe , étoit l'idole de toutes les femmes , la terreur de tous les maris !

Cet heureux temps n'est plus ,

En abdicant la royauté pour descendre à l'humble emploi de confident , *Lacave* s'est si bien pénétré de l'humble esprit de ses nouveaux rôles, qu'on ne découvre plus sur son front la moindre trace de son ancienne gloire.

De mauvais plaisans ont quelquefois la cruauté de rire quand ils le voient revêtu de la toge romaine, s'avancer en remuant des hanches, comme un marguillier de Saint – Jean – de – Latran ; mais s'il est vrai que son ventre et sa démarche ne soient pas éminemment tragiques, il est juste aussi de convenir, que peu d'acteurs joueroient mieux que lui certains rôles de *raisonneurs* dans la comédie ; que sa diction est toujours correcte et sage, et qu'en un mot, il est d'une très-grande utilité à son théâtre.

Ajoutons avec M. de la Reynière, qu'à beaucoup de zèle, à un talent *estimable* et à des connoissances très-étendues sur son art, il joint une ame parfaitement honnête, et les mœurs les plus respectables.

LAFITTE.

Théâtre de la Gaîté.

Célèbre pantomime. Il a remplacé et presque fait oublier le beau *Bithmer*, qui jouoit avec tant de succès, il y a douze ans, les rôles de *Dunois* et de *Pierre de Provence.*

Sa pantomime a beaucoup d'expression.

V. S.

LAFOND.

Théâtre Français.

Ancien élève de Dugazon, et maintenant, comme son maître, professeur de déclamation au Conservatoire Impérial.

Cet acteur débuta le 18 floréal, avec un éclat dont il y avoit eu peu d'exemples.

A l'intérêt que devoient nécessairement inspirer sa jeunesse et ses dispositions

II.   8

naturelles , se joignoient pour lui assurer un brillant succès , diverses circonstances étrangères à son talent..... J'en avois écrit le détail ; un moment de réflexion m'a fait tout effacer.

La mémoire de mes lecteurs suppléera aisément à mon silence ; mais à supposer qu'ils ne se souviennent plus , ou qu'ils n'aient jamais été informés des faits , j'aime encore mieux les leur laisser ignorer, que de m'exposer à réveiller d'anciennes haines.

Je dirai seulement et on ne me démentira pas , que sur le nombre des applaudissemens prodigués à Lafond , à l'époque de ses débuts , il y en avoit pour le moins moitié en haine d'un acteur célèbre , que l'envie et la médiocrité vouloient dégoûter dû théâtre.

Heureusement les choses ont bien changé ; les circonstances politiques n'ont plus guères d'influence aujourd'hui sur le jugement qu'on doit porter d'un auteur ou d'un comédien ; et Talma , puisqu'il faut le nommer, ayant repris au théâtre le rang qui lui appartenoit, Lafond qui est son double immédiat, peut enfin redevenir comme lui, l'objet d'une critique sans partialité.

Lafond a peu de mobilité et d'expression dans les traits du visage ; ses yeux ne sont ni saillans, ni animés ; le caractère de sa physionomie est plus agréable qu'héroïque ; sa taille qui est élancée, ne manque pas d'une certaine grace, surtout dans la partie supérieure du corps. Il seroit à désirer seulement qu'il eût les formes de la jambe plus élégantes. Une pareille observation peut paroître minutieuse, mais elle n'est pas du moins indifférente, quand il s'agit d'un premier acteur tragique, dont le succès ne dépend guères moins, comme chacun sait, des avantages de la représentation que des ressources du talent.

Voyez ce que dit à ce sujet mademoiselle Clairon :

« Le premier rôle en hommes, doit avoir une taille au-dessus de la moyenne; n'être ni gras ni maigre; la graisse est ignoble au théâtre, et la maigreur a l'air mesquin; il faut qu'il soit bien pris dans sa taille, et qu'elle n'ait aucune défectuosité sensible. *Qu'elle annonce la force, et qu'elle soit élégante.* S'il est beau, tant mieux, pourvu que ce soit *une beauté mâle*; des traits délicats seroient un défaut ».

« Cet emploi demande la plus grande expression, *la plus grande mobilité dans la physionomie*; il faut qu'elle soit en état de tout peindre. Le visage qui reste immobile, prouve que l'ame ne sent rien; *le forcé* prouve l'ignorance.

« Mais quels que soient le savoir et l'intelligence, il faut que la nature les seconde. *La physionomie n'est expressive qu'avec de grands traits; l'œil bien ouvert, le sourcil marqué, la bouche un peu saillante, et des che-*

veux bruns ; les petits traits se confon-
dent à très-peu de distance ; un petit
œil peut être fin , spirituel , mais jamais
imposant. La bouche renfoncée ne peut
jamais exprimer la douleur et la couleur
blonde est fade au théâtre. »

Ces observations de M.lle Clairon, ne
semblent-elles pas porter directement sur
Lafond, qui se trouve à-peu-près privé
de la plupart des qualités physiques ,
exigées par cette célèbre tragédienne ?

Il y a long - temps que je l'ai dit ,
(voyez la Lorgnette des spectacles)
Lafond joueroit incomparablement mieux
les *jeunes premiers,* que les premiers rôles;
il ne pourroit qu'être excellent dans Titus
(de Brutus) dans Gaston de Foix ,
dans *Egiste* , dans *Bajazet* , etc. , parce
qu'il auroit ce qu'on nomme au théâtre,
le physique de son emploi ; et son succès
constant dans le rôle du Cid , qui n'est
autre qu'un *jeune premier,* vient à l'appui
de mon opinion.

L'organe, ou, pour parler plus correctement, la voix de cet acteur, est d'une nature assez bizarre, qui n'a point de genre déterminé ; elle n'est ni grave, ni aiguë, et manque de consistance dans le medium, ce qui fait que pour produire de l'effet, Lafond est toujours forcé de crier. Elle paroît factice et n'a rien de tragique, lorsqu'il s'efforce de la grossir ; mais le timbre en devient flatteur dans les inflexions douces et galantes, et il en tire quelquefois de très-beaux sons, quand il fait éclater de l'enthousiasme. Encore faut-il que ces éclats soient de courte durée, autrement l'organe *s'éraille*, et trahit ainsi, en se faussant, la foiblesse physique de l'acteur.

On lui a long-temps reproché le vice de sa prononciation gasconne, mais je dois lui rendre cette justice qu'il en a corrigé l'accent avec un soin qui lui fait honneur ; il ne lui reste plus guères maintenant qu'à observer plus exactement les règles de la prosodie, par rapport à la quantité, pour ne plus dire : *tro-neū*, au lieu de *trône*, et ne plus appuyer, comme il l'a fait long-temps sur les finales muettes, de façon à allonger d'un pied presque tous les vers féminins.

Sa *diction* seroit d'ailleurs assez bonne ; il a, si je puis m'exprimer ainsi, l'élocution facile et élégante ; et comme son organe est assez souple pour embrasser largement et sans peine, l'étendue des plus longues périodes, il n'est point obligé de couper mal à propos le sens des phrases, pour reprendre haleine ; c'est peut-être à cet avantage précieux, qu'il doit aujourd'hui la majeure partie des applaudissemens qu'on lui prodigue ; il conserve aux vers d'apparat tout le luxe de la poésie, et fait ainsi valoir beaucoup de passages brillans, ou *Talma*, par exemple, ne produiroit qu'un effet médiocre.

Mais on appelle cela vernir les superficies, et quoiqu'il soit bon de respecter autant que possible , l'harmonie de la phrase poétique , ce n'est pas à la faire sentir que s'attachent principalement les grands tragédiens. Comme les grands peintres d'histoire , ils cherchent avant tout l'expression vraie de la pensée et du sentiment , la fidélité des mœurs , des caractères et du costume , et préfèrent *dans la perspective du théâtre* , une manière inégale et *heurtée* , mais en même-temps mâle et hardie , à toute la fraicheur de cette enluminure de convention, qui détruit le relief des objets , et ne brille , par conséquent , qu'aux dépens de l'effet dramatique ; ils disent enfin, comme Rembrant, à qui l'on reprochoit sa touche forte et presque raboteuse : nous sommes peintres et non pas teinturiers.

Il est trop généralement reconnu d'ailleurs que les observateurs les plus exacts de l'harmonie des vers , ne se servent guères du vernis de la déclamation , que pour se dispenser d'être profonds et vrais, ou pour déguiser quelques imperfections naturelles. C'est une sorte de coloris factice, qui doit séduire la multitude et dans lequel on peut impunément confondre toutes les nuances qu'on n'auroit pas l'art de distribuer.

Parler au théâtre et parler noblement, sans enflure, sans trivialité, voilà le sublime de l'art ; c'est dans *le parler* qu'on juge, par la variété et la justesse des inflexions, si l'acteur a un vrai talent ; mais, soit que la voix de Lafond n'ait, comme je l'ai déjà dit, que peu de corps dans le medium, soit qu'il n'ait pu trouver pour déguiser son reste d'accent méridional que la ressource d'une sorte de mélodie continue, cet acteur ne *parle presque jamais la tragédie.*

Le rôle qu'il a joué avec le plus de succès à l'époque de ses débuts, est assurément celui d'Orosmane ; en effet, l'intelligence des détails et la chaleur qu'il y développa , durent donner de lui une grande idée. Il se trompa selon moi , sur l'esprit de ce rôle , depuis sa première scène jusqu'à la fin ; mais ses erreurs furent si brillantes , il affecta un ton d'amour et de galanterie si *expansif*, si insinuant , et l'on étoit alors tellement dégoûté de l'âpreté des pièces révolutionnaires , que la multitude séduite le porta aux nues , et que Talma , jouant quelques mois après le même rôle , si non avec toute la supériorité de son talent, du moins avec plus de profondeur que Lafond et d'une manière plus conforme au caractère du personnage , n'arracha au parterre prévenu , qu'un petit nombre d'applaudissemens.

Tous les journalistes cependant ne caressèrent point à cet égard l'opinion générale , et je trouve dans une feuille du temps de très-bonnes observations , dont je crois pouvoir donner un extrait (1).

____

(1) L'article dont j'extrais ces réflexions, est

« Ce qui a été surtout joué hors de toute vraisemblance , c'est la dernière scène. Orosmane a récité ses vingt der.. niers vers en sanglottant ; outre que sanglotter fatigue les oreilles , que les sanglots prolongés sont ridicules, et que les sanglots d'un homme sont presque toujours hors de nature , ici ils sont en opposition directe , avec la situation d'une ame tout-à-coup élairée sur la plus affreuse méprise , qui se voit elle-même avec horreur ; qui ne connoît plus qu'un intérêt , celui d'adoucir le sort des malheureux qu'elle a faits ; qu'un devoir, celui de venger Zaïre ; qui, enfin, est résolue à la mort. Les sanglots , ainsi que les larmes , sont l'effet d'une convulsion dans laquelle l'ame est sans force , sans volonté ; les sanglots et les larmes sont la dernière puissance des ames foibles dans la douleur ; les

―――――――

d'un magistrat aujourd'hui membre du p emier corps de l'Etat , et de la première société savante.

malheureux qui pleurent ne se tuent point ; et par cette raison les Orosmanes qui se tuent en pleurant , ne font pas pleurer les spectateurs ».

Le défaut dont l'auteur de ces remarques fait si justement un reproche à Lafond , est malheureusement celui qu'on peut reprocher à cet acteur, dans presque tous ses rôles , et il n'est rien de moins héroïque.

« La sensibilité , dit Larive , dans son cours de déclamation , (qui pour n'être ni savant ni complet, n'en est pas moins dans de très-bons principes, que les jeunes acteurs devroient consulter), la sensibilité , dit-il , qui se manifeste par des larmes , est la plus commune ; et le dernier des hommes pleure pour les moindres affections ; cette sensibilité n'est le plus souvent qu'une foiblesse de caractère et d'organisation physique ; la véritable sensibilité , celle de l'ame , est aussi rare que précieuse , etc. ».

« Je n'aime pas au théâtre, dit Saint-Evremont, une mort qui se pleure davantage par la personne qui meurt, que par ceux qui la voient mourir ; j'aime les grandes douleurs avec peu de plaintes et un sentiment profond.

« Il est certain, ajoute-t-il, que nos maux se soulagent en pleurant, et la plus grande peine du monde un peu adoucie, ranime le désir de vivre à mesure qu'elle soulage le sentiment ; pleurer sur ses propres infortunes c'est perdre toutle mérite de sa douleur.

Corneille, le grand Corneille, qui n'aimoit pas les fadeurs, a parfaitement exprimé suivant moi la seule affliction digne d'un cœur magnanime.

Non, je ne pleure pas, madame, mais je meurs. (Suréna)

Lisez en outre, car on ne sauroit trop multiplier les autorités contre le défaut que je reproche non-seulement à Lafond, mais à presque tous nos jeunes acteurs ; lisez, dis-je, uneobservation de Smith, dans sa *Théorie des senti-*

II.

mens moraux traduction de madame de Condorcet.

« Nous sommes aisément fatigués des bruyans éclats d'une douleur qui veut exciter notre intérêt par les soupirs , les larmes, les gémissemens ; mais nous gardons tous nos égards et tout notre respect *pour cette douleur silencieuse* et noble , *qui, malgré la réserve des manières , se découvre dans l'altération des traits et dans l'abattement des regards.* »

Lafond soulageant continuellement sa peine par des larmes , dans le rôle d'Orosmane , faisoit un contre-sens d'autant moins excusable que le caractère du personnage se trouve établi d'une manière très-positive dans l'exposition de la pièce; et qu'Orosmane lui-même dit au quatrième acte :

« Voilà les premiers pleurs qui coulent de mes yeux. »

Ce qui fait que cet acteur ne sera jamais un tragédien du premier ordre (du moins par rapport à ceux qui laissent un nom dans l'histoire du théâtre), c'est que son talent n'a point de règle fixe, point de caractère décidé, point de *cachet*, en un mot.

Ce n'est pas la nature même qu'il étudie ; esclave d'une tradition mal entendue, il imite les imitateurs ; moyen sûr de n'être pas imité.

Ce n'est pas non plus l'ensemble d'un rôle qu'il considère ; ce sont les effets de mouvemens dont chaque scène est susceptible ; enfin il n'examine pas les mœurs de la pièce, il ne voit que l'action plus ou moins vive de son personnage ; et demain vous l'entendrez parler d'*amour* à *Emilie*, du même ton dont il exprimoit hier à Chimène les transports amoureux du Cid.

Ce défaut ne seroit pas sensible s'il ne jouoit que les jeunes premiers ; les sentimens d'*Hyppolite* et ceux d'*Egiste*, ceux de *Nemours* et de *Nérestan* peuvent, à quelques nuances près, s'exprimer de la même manière. Outre qu'on n'exige pas des jeunes gens un caractère bien profond, ils se ressemblent presque tous ; et, de même que les traits de leur visage sont à peine marqués , de même leur physionomie morale n'est point encore susceptible d'une grande variété d'expression.

Mais il n'en est pas ainsi des premiers rôles , dont presque tout l'intérêt se fonde au contraire sur de savantes oppositions. Je n'en connois pas deux au répertoire qu'on puisse jouer de la même façon sans dénaturer l'esprit de l'un ou de l'autre, et cependant presque tous se composent des mêmes élémens ; presque tous ont l'amour pour mobile ; par quoi diffèrent-ils donc entr'eux ? Par les mœurs , le costume et le caractère ; et voilà ce qu'il faut surtout étudier quand on veut être un grand acteur.

Il me resteroit encore bien des remarques à faire , tant sur l'idée un peu fausse que Lafond se fait de la dignité tragique, que sur sa coutume de tout jouer *en de-hors*, et de chercher dans ses moyens physiques , malheureusement dénués de consistance , toute la force et l'énergie que les grands acteurs trouvent naturellement dans le fond de leur ame ; mais je préfère suivre Lafond dans quelques-uns des rôles qu'il a joués , et je trouverai plus d'occasions que je n'en voudrai , de placer ces observations.

Rôle d'Achille (d'Iphigénie en Aulide). Il y a toujours du succès , et un succès mérité , parce que le fils de Thétis , jeune , bouillant , emporté , est presque incapable de concentrer ses sentimens tumultueux , et qu'ainsi l'acteur et le personnage se trouvent unis par une grande analogie de caractère. On remarque pourtant que depuis l'époque où Saint-Prix a remplacé Vanhove dans le rôle d'Agammemnon , notre jeune Achille ne brille plus d'un aussi vif éclat. « C'est à côté de Saint-Prix, dit le *Courier des Spectacles,* qu'on a dû voir que les dispositions les plus heureuses , telles qu'en montre M. Lafond ,

sont bien loin du vrai talent, qui ne s'ac-
quiert que par un long travail ; ce jeune
acteur, plein de chaleur et d'intelligence,
avoit eu dans le rôle d'Achille un grand
succès auprès de Vanhove ; mais la belle
tenue de Saint-Prix, la beauté de son organe, la noblesse qu'il a su mettre dans
le rôle d'Agammemnon, ont fait remarquer la taille grêle, l'accent vicieux et les
gestes trop multipliés et peu nobles du
nouvel Achille ; les uns auroient voulu
trouver en lui la force de Saint-Prix,
d'autres regrettoient qu'il n'en eût pas la
prononciation, ou celle de Larive ; tous
auroient souhaité dans sa contenance la
noblesse de ce dernier, son jeu muet, la
mobilité de son visage, l'expression de
ses yeux,... etc. »

La vérité est, toutefois, que Lafond a de
très-beaux momens dans le rôle d'Achille,
et qu'il ne lui manque pour le jouer parfaitement bien, que d'y mieux gouverner
l'emploi de ses moyens. Boileau dit qu'un

bean désordre est souvent un effet de l'art ; cela est vrai, surtout au théâtre, où l'action la plus vive, la plus désordonnée, demeure presque toujours sans effet, si l'acteur égaré par son feu,

N'a su de ses fureurs régler l'emportement.

Et tel est le défaut dont Lafond saura sans doute se corriger.

Zamore (d'Alzire). Encore un rôle où la passion l'emporte sur le caractère ; où il faut plus de feu et d'impétuosité que de profondeur, et qu'enfin *Lafond* joueroit assez bien, si l'intensité de sa voix et la nature de ses formes répondoient plus parfaitement à sa manière de le sentir. Mais si Zamore est amoureux, Zamore est un héros sauvage dont le ton, les manières exigent un savant mélange de rudesse, de candeur, d'orgueil et de sensibilité ; mélange que l'acteur fortement constitué, doué d'un organe souple et vigoureux, peut seul rendre avec vérité.

Lafond dit avec un charme qui n'appartient qu'à lui :

« Mon père, ils n'ont donc pas les mêmes dieux que toi!

Et :

« . . . . Hélas! tu vois les pleurs
« Qu'un souvenir trop cher arrache à mes douleurs.

Et enfin :

« O moitié de moi-même, idole de ma vie!

Mais dans cet hémistiche, qui exige la plus grande énergie :

« . . . . Horreur de ma patrie!

Mais surtout dans cette exclamation :

« Etes-vous donc des dieux qu'on ne puisse attaquer,
« Et teints de votre sang, faut-il vous invoquer?

Il a le malheur de nous rappeler que *Larive* jouoit aussi Zamore, et le jouoit bien différemment.

Tancrède. Ce rôle est en quelque sorte devenu sa propriété.

Lafond joue avec beaucoup de grace et de sensibilité toutes les scènes où l'amour doit être exprimé avec effusion ; et il paroît bien pénétré, surtout dans le 3e. acte, de la courtoisie chevaleresque du personnage, à l'expression de laquelle les inflexions douces et argentines de sa voix prêtent un charme très-pénétrant ; mais on lui souhaiteroit plus de nerf dans la scène du défi, où il ne produit qu'un effet médiocre ; et un jeu plus expressif, des sons de voix plus graves, et surtout plus de profondeur dans les deux derniers actes, dont la teinte sombre n'est point, il est vrai, analogue à son genre de talent.

Pour que Tancrède fût aujord'hui parfaitement joué, il faudroit presque que le monologue du troisième acte fût débité par Lafond, que Larive fît le défi; et que Talma se chargeât des dernières scènes. Quoi qu'il en soit, Larive étant absent, c'est à Lafond que le rôle appartient, parce que le ton des scènes les plus intéressantes est brillant et chevaleresque, tandis que celles où Talma joueroit le mieux, sont celles que le public aime le moins.

Ninias (Sémiramis). Quoique le sentiment qui domine dans ce rôle soit du genre de ceux dont Lafond se pénètre assez facilement, cet acteur s'y trouve placé dans une sorte d'alternative qui ne lui est pas très - favorable ; porté par la nature de son talent aux effusions vives et brillantes, il s'abandonne à cette impulsion dans les deux belles scènes où Ninias brave l'autorité d'Assur ; mais, comme la situation est trop prolongée pour lui, son organe le trahit dans les passages où il en auroit le plus de besoin, et l'effet de la scène s'affoiblit précisément lorsque l'intérêt devroit s'accroître ; d'un autre côté, s'il a toute la chaleur et l'intelligence nécessaires pour bien rendre la grande scène du 4e. acte, il ne dépend pas de lui d'exprimer par le jeu de sa physionomie et par l'action de sa pantomime tout ce que cette situation a de pathétique et de terrible.

Yarbe (de Didon). Même insuffisance de moyens physiques ; il s'y bat constamment les flancs pour soutenir une grande continuité de sons éclatans , et il finit par des cris qui l'épuisent. Ce rôle sera toujours pour lui d'une hauteur inaccessible.

Vendôme (Adelaïde du Guesclin). Deux sentimens extrêmes se combattent et l'emportent alternativement dans l'ame de ce héros séditieux dont le caractère est si bien établi par l'auteur.

> • Je vois que de ses sens l'impétueuse ivresse,
> • L'abandonne aux excès d'une ardente jeunesse ;
> • Et ce *torrent fougueux* que j'arrête avec soin ,
> • Trop souvent me l'arrache et l'emporte trop loin ;
> • Il est né *violent* , non moins que magnanime,
> • Tendre , mais *emporté* , mais capable d'un crime.
> • Du sang qui le forma je connois les ardeurs ,
> • Toutes les passions sont en lui des fureurs... etc. •

Et cette mobilité de physionomie permet à l'acteur d'*ajuster* en quelque sorte le rôle à sa taille , de la façon la plus conforme à sa manière habituelle de sentir et d'exprimer. C'est ce qu' fait très-habilement Lafond, surtout à la dernière re-présentation d'Adelaïde Du Guesclin. Il a peut-être trop fait prévaloir ce que j'appellerai la partie amoureuse, et n'a pas encore observé avec assez d'exactitude l'intention *caractéristique* que Voltaire a renfermée dans ce peu de mot : *et capable d'un crime !* mais il est parvenu à rendre d'une manière satisfaisante *l'impétueuse ivresse* de Vendôme ; il a continuellement échauffé la scène, et dans les élans beaucoup trop forcés qu'il s'est donnés pour y réussir, il a rencontré du moins de très-beaux effets. Talma joue sans contredit le rôle avec plus de fermeté réelle, et surtout d'une manière plus vraie ; mais si je puis m'exprimer ainsi, il s'en tient un *peu trop sévèrement à la lettre* et néglige trop pour le *fond* le brillant des *superficies.*

Néron (de Britannicus). La physiono-mie de ce rôle a presque toujours été mo-difiée de diverses façons par les acteurs qui l'ont joué ; les uns, sans égards pour l'histoire, ont fait du tyran de Rome un monarque d'un âge avancé, et lui ont donné un caractère de puissance despotique qui écrase en quelque sorte tous les autres personnages de la pièce. Telle étoit la manière de Le Kain, qui, en cela, s'étoit trompé ou avoit cru pouvoir accommoder le rôle à ses moyens physiques.

Les autres, suivant l'intention expresse de Racine, ont représenté Néron encore jeune, commençant à se lasser du rôle d'hypocrite, et préludant en quelque sorte par la mort de Britannicus aux crimes affreux dont il va ensanglanter l'Empire romain.

C'est cette manière que Lafond croit devoir adopter à l'exemple de Talma, dont pourtant il n'imite pas la profonde énergie. Lafond exprime *en dehors* l'impatience criminelle du personnage; cette manière est moins odieuse et plus brillante, mais elle affoiblit souvent l'esprit du rôle; et *Talma* m'en paroît bien mieux

II

pénétré, en concentrant davantage les fureurs du jeune tigre, dont les cris de rage produisent d'autant plus de terreur, qu'ils n'éclatent que par intervalles. L'avantage de Lafond dans ce rôle est d'y être plus maître de sa voix que dans la plupart des autres, et d'y faire briller plus facilement les graces de son élocution ; au lieu que la diction de Talma y paroît souvent plus âpre et plus saccadée. L'un tâche d'orner ce qu'il affoiblit ; l'autre sacrifie tout à la vigueur du ton et à la vérité des effets.

Oreste (d'Andromaque) Il ne joue véritablement bien que la scène de l'ambassade, où son talent décidé pour la déclamation se trouve parfaitement en rapport avec le discours d'apparat que prononce l'envoyé des Grecs. Dans le reste du rôle, il n'a rien, absolument rien de la fatalité qui poursuit le fils d'Agamemnon. Aussi son amour pour Hermione n'est-il qu'un amour comme un autre, tel qu'il y en a dans tous les romans.

Mahomet. Les ennemis de Lafond, s'il en a, ne peuvent rien souhaiter de plus fâcheux pour sa réputation que de le voir s'obstiner à jouer ce rôle, où il est autant au-dessous de la grandeur du personnage, que... Michelot, par exemple, paroît petit et grêle auprès de Lafond. C'est surtout dans la belle scène du second acte qu'il a fait remarquer par l'impuissante précipitation de ses gestes, cette extrême disproportion. « Des gestes multipliés, dit un auteur qui a écrit avec succès sur l'art de la représentation théâtrale, seront toujours des contresens dans un entretien long-temps médité, où Mahomet, pénétré du sentiment de sa force, doit affecter ce calme imposant, ce flegme sublime, qui caractérise le grand homme d'état et le profond politique ; il faut sans doute qu'il soit éloquent, mais sans effort, avec retenue, et seulement par de belles inflexions de voix. L'agitation des bras, les cris, le jeu forcé des traits du visage, décèlent une passion commune à tous les hommes ; mais le fondateur d'un empire et d'une religion , doit paroître impassible et au-dessus de l'humanité lorsqu'il développe mystérieusement ses vastes projets. »

Les mêmes observations , a-peu-près , sont applicables à Lafond lorsqu'il ne craint pas de jouer *Gengis* ; et, pour n'être pas obligé à des redites monotones , je prends le parti de passer rapidement

Sur *Cinna*, où il copie assez heureusement *Talma* ;

Sur *le Cid*, où il seroit parfait, s'il joignoit à ses graces chevaleresques et à sa brillante sensibilité, un peu plus de nerf et de fermeté ;

Sur le rôle d'*Horace*, dont il adoucit un peu trop l'âpreté, mais qu'il joue d'ailleurs avec feu ;

Sur celui de *Ladislas*, dont il affoiblit le caractère au point d'en détruire toute la physionomie ;

Sur *Nicomède*, qu'il joue en tâtonnant

d'après une tradition vague et fautive, tantôt d'une façon trop familière, tantôt comme un déclamateur;

Enfin sur le rôle de *Bayard*, où, sans égard pour l'âge mûr du personnage et pour les intentions visibles de l'auteur, il affecte toutes les graces brillantes et l'enthousiasme impétueux d'un jeune chevalier. On se tromperoit toutefois, si parce que je me suis montré sévère envers cet acteur, on s'imaginoit que je refuse obstinément d'applaudir à ce que son talent peut avoir de louable et de séduisant. Il n'est assurément aucun des rôles dont je viens de parler, pas même ceux de *Gengis* et de *Mahomet*, où il n'ait de très-beaux momens, et ne fasse preuve d'une vive sensibilité.

Son talent n'est pas fondé sur des principes sûrs; ce n'est pas, je le répète, en se pénétrant bien d'abord de l'esprit de ses rôles, en se rendant soigneusement compte à lui-même de ce qu'il est, de ce qu'il fait et *va faire*, de l'époque où il vit, des mœurs du pays qu'il habite, etc.; ce n'est pas, dis-je, par ces études préliminaires et indispensables qu'il règle son action théâtrale; il ne se détermine, en quelque sorte, que suivant la circonstance accidentelle des scènes; là, semble-t-il se dire, il faut que j'exprime la colère, ici la tendresse; plus loin le désespoir; tel vers dont la pensée est fleurie doit être jeté brillamment; tel autre, où se trouve le mot j'aime, exige, quelque soit d'ailleurs le caractère du personnage, tout le charme d'un sentiment extatique. De là vient qu'il n'y a pas d'unité, pas de suite dans son jeu; qu'en le jugeant scène par scène on peut applaudir à sa façon d'exprimer le sentiment, mais qu'en le jugeant sur l'ensemble, on trouve souvent qu'il manque le caractère. Les règles du clair-obscur s'étendent à tous les arts d'imitation; elles ont pour objet la distribution harmonieuse des ombres et des lumières, et c'est assurément ne pas les connoître que de vouloir pousser à l'effet dans chaque scène , sans considérer les rapports intimes qui doivent exister entre toutes les parties de l'ouvrage.

Mais si *Lafond* , comme l'a dit son maître (Dugazon) , n'a encore que l'é-*corce tragique* , cette écorce est du moins très-brillante ; il possède plusieurs avantages rares et précieux , c'est de savoir occuper et animer la scène ; d'avoir ce que les acteurs appellent du *montant* , c'est - à - dire , cette sorte d'irritabilité qui nous porte rapidement au plus haut degré de l'enthousiasme ; c'est enfin de bien connoître le public et de caresser avec infiniment d'adresse le goût bon ou mauvais de la multitude.

Lafond vient d'ailleurs de se frayer une nouvelle route à la gloire , en s'exerçant avec succès dans le genre de la haute comédie , qui lui offre , selon moi , une chance moins douteuse et presque aussi brillante ; il n'a pas parfaitement saisi le caractère chagrin et ombrageux du Misantrope , ni la morgue flegmatique du Glorieux; il semble n'avoir vu dans Alceste qu'un amant jaloux, et dans le comte de Tufières qu'un fat insolent; mais s'il s'est trompé à cet égard, on ne peut nier qu'il n'ait du moins donné à l'action dramatique de ces deux rôles, toute l'expression dont elle étoit susceptible.

On a vu, par la manière dont il a joué le petit rôle de d'*Etienbet* dans la Gageure imprévue, que les habitudes et le ton de la bonne compagnie ne lui sont nullement étrangers; sa diction, dans la comédie, est généralement pure, facile et gracieuse; elle sera plus digne d'éloges encore, quand il aura enfin senti la nécessité de parler simplement, légèrement, sans prendre sa voix dans le haut, et de préférer l'expression juste des *mots de valeur* (1) au plai-

____

(1) Encore un terme que je suis obligé d'emprunter à l'idiôme néologique des comédiens. Il ne semble toutefois n'avoir pas besoin d'explication.

sir de nous faire sentir la cadence harmonieuse de chaque période. Cette harmonie
déclamatoire est une sorte de voile brillant
et bannal dont se sert tout acteur médiocre
ou paresseux pour cacher à la multitude,
les nuances fines et délicates de son rôle,
quand il n'a pas le talent ou quand il ne
veut pas prendre la peine de les faire ressortir naturellement : or, Lafond a une
intelligence trop parfaite pour être jamais
dans le cas de recourir à une ressource
aussi commune.

Il est, je le répète, l'espoir de la comédie, plus encore que celui de la tragédie;
et ce seroit bien mal entendre, selon moi,
les intérêts du théâtre, que de lui fermer,
comme on paroît vouloir le faire, une carrière vaste et brillante, où lui seul se présente jusqu'à ce jour avec toutes les dispositions convenables.

LAFORÊT.

Académie Impériale de Musique.

Acteur modeste qui chante beaucoup

mieux que Lainez , mais qui , ayant eu le malheur de venir après ce *brûleur de planches* , et n'ayant pas eu le courage de résister à l'influence d'un mauvais exemple , s'est trouvé dans une fausse position. Les amateurs de cris et de contorsions, lui reprochent de n'en pas faire autant que son chef d'emploi ; et les musiciens se plaignent de ce qu'il sacrifie encore trop dans son chant aux vieux préjugés de l'opéra. Le principal défaut de son talent est donc le défaut de *physionomie*; du reste, s'il n'a pas dans le public de très-zélés admirateurs , il n'a pas non plus d'ennemis , et tout le monde lui accorde de l'estime. Sujet utile.   M.... L...

LAGRENOIS. (Mme)

Ambigu-Comique.

Duègne excellente : beaucoup de chaleur et de naturel dans tous les rôles de son emploi , qui n'est pas étendu; mais elle en sort quelquefois, et elle a tort.

S... V...

LAINEZ.

Académie Impériale de Musique.

Il y a près de trente-six ans que cet acteur est à l'opéra, aussi peut-on dire de lui, sans vouloir faire de calembourgs, qu'il est bien l'aîné de l'académie.

Il paroît avoir pris pour règle, dans tous ses rôles, cet axiome du législateur Boileau :

Souvent un beau désordre est un effet de l'art.

Et, en conséquence, il ne cherche que les occasions de pousser tous les sentimens à l'exagération, ce qui lui réussit presque toujours ; mais les gens de goût, les véritables connoisseurs qui savent que l'abus des meilleures choses est un défaut, qui connoissent les bornes dramatiques au-delà desquelles il n'y a que de l'extravagance, et qui, enfin, ne prennent pas des cris de gorge, des contorsions et des trépignemens continuels, pour l'expression *vraie* de la passion : ces personnes là, dis-je, ne mêleront pas toujours leurs applaudissemens à ceux dont la multitude accable Lainez.

Cet acteur a, toutefois, une énergie de poumons, qui lui sert admirablement, et le rend très-précieux à son théâtre, où il sera difficile de le remplacer ; on ne peut nier qu'avec tout son fracas, il n'échauffe prodigieusement la scène, et que le public, fait à son jeu, ne doive trouver froid et mesquin tout acteur un peu raisonnable qui ôsera paroître après lui dans ses rôles. Voilà qu'elle est, dans tous les arts, l'effet déplorable de l'exagération, elle détruit rapidement le goût du vrai beau, et telle personne que j'ai connue sensible aux beautés exquises de Racine, ne peut plus voir une seule tragédie de ce grand poëte, depuis les extravagances du mélodrame.

Comme chanteur, Lainez a peu de prétentions ; il sait trop que sa voix criarde ne pourroit jamais être mélodieuse ; mais

il faut convenir qu'il saisit très-bien le caractère dramatique de la musique de Gluck,
et qu'il sait donner à son chant toute l'expression de sentiment qu'il est possible de
desirer.

M... L...

LAPORTE.

Théâtre du Vaudeville.

Cet arlequin n'a pas de rival ; ceux qui
ont vu Carlin prétendent que Laporte ne
l'imite nullement. Carlin ayant à représenter des personnages balourds, tels que l'é-
toient dans son temps tous les arlequins,
affectoit de la pesanteur et une diction un
peu traînante, qu'il avoit l'art de rendre
très-comique ; *Laporte*, devant accommoder son talent au genre vif et piquant du
Vaudeville, donne à son personnage bergamasque un caractère plus souple, une
allure plus leste ; il imite les manières es-
piègles d'un jeune chat, et en a toute la
gentillesse.

II.

LARIVE.

*Pensionnaire de la Comédie française,
et associé à l'Institut.*

Quoique cet acteur ne soit plus au
Théâtre français, je ne puis le passer sous
silence ; dès demain, peut-être, il y ren-
trera, et alors, du moins, je n'aurai point
de vide à remplir; comme il a d'ailleurs
emporté en se retirant les regrets de tous
les amis de l'art dramatique, je ne pense
pas qu'on répugne à lire ici quelques détails sur ses talens et ses succès.

« La première fois, dit-il lui-même dans
un ouvrage qu'on peut considérer comme
ses Mémoires, la première fois que mon
imagination m'inspira le desir de jouer la
tragédie, je ne conçus rien moins que
l'espérance d'être placé au rang des premiers acteurs ; mon audace alla jusqu'à me
persuader que mes seuls défauts physiques
pouvoient arrêter ou borner ma course;
pour n'avoir aucun doute à cet égard, j'osai

à mon retour de Saint - Domingue aller
trouver le célèbre Le Kain. Rempli de tout
ce que son talent m'avoit inspiré, je lui dis
que j'étois Américain (ne voulant pas être
connu, dans le cas où il ne jugeroit pas
mes dispositions favorables), j'osai ajouter qu'une noble émulation me transpor-
toit; que j'avois conçu le projet d'être son
double à la comédie française; que j'atten-
dois de lui un aveu sincère sur mes dispositions physiques et morales : ce que je
croyois pouvoir lui assurer, c'est que s'il
ne trouvoit en moi aucun défaut marqué,
je parviendrois à être son double, ou que
je mourrois à la peine. Le Kain sourit ma-
lignement, et l'intention de son sourire se
grava dans ma mémoire; c'est peut-être ce
souvenir qui a le plus fortifié mon émulation; il me dit qu'occupé dans le moment,
il ne pouvoit m'entendre, et m'indiqua le
jour qu'il destinoit pour me juger. Je ne
dormis point dans l'intervalle, je ne fus
occupé que du rôle que je voulois lui ré-

péter , et qui devoit décider de mon sort;
j'étois résolu à ne point appeler de son
jugement , sentant déjà qu'à côté de la
gloire que procure le premier rang dans
cette carrière, on ne pouvoit recueillir que
la honte et le mépris dans le dernier. »

« J'arrivai chez Le Kain , bien décidé à
mettre en évidence mes moyens naturels
avec tous les développemens dont j'étois
capable ; il me reçut avec bonté , et ne
voulant pas perdre le temps qu'il devoit
employer à me faire répéter , il me demanda la permission de se faire coëffer en
m'écoutant ; cette proposition ne me plut
pas infiniment ; elle me refroidit un peu
en commençant ; mais mon imagination
échauffée sur le jugement qu'il alloit porter de moi, prit le dessus, et je me livrai
tout entier à ma chaleur naturelle. Le Kain,
sans m'interrompre, m'écouta en me donnant mes répliques avec complaisance;
lorsque je fus à la fin du rôle (celui de
Zamore) j'attendis avec une sorte de

crainte le jugement qu'il alloit prononcer;
il me dit : Monsieur, je ne vois rien qui
vous empêche de vous livrer à votre noble
émulation; il est possible qu'avec l'amour
que vous avez pour ce bel art, vous puissiez
un jour être mon double à la comédie
française.

« A ces mots une joie extrême se ma-
nifesta dans toute ma personne; je lui
sautai au cou, le serrai dans mes bras,
en l'assurant que je serois son double, ou
que je mourrois des efforts que j'allois
faire pour m'en rendre digne; il sourit à
tous mes transports, mais avec une autre
expression que la première fois; il me sou-
haita beaucoup de bonheur, et je le quittai
ivre de plaisir et d'espoir.

En sortant de chez lui j'allai m'engager
chez mademoiselle Montansier, qui, après
m'avoir fait répéter, me jugea digne de
gagner par an 600 fr.; je n'en demandai
pas davantage et partis de suite à pied

pour rejoindre sa troupe qui étoit à Tours, etc. »

Ses essais à Tours ayant été passablement heureux, Larive redoubla de soins et d'efforts, et se crut digne, au bout de deux ans, de paroître à Paris ; mademoiselle *Clairon* fut sa protectrice et son maître, et le fit débuter aux Français par le rôle de Zamore, en 1770.

Le Kain voyageoit alors ; Larive, dont le succès quoique brillant n'avoit pas été assez décisif, crut devoir retourner en province pour se livrer à de nouvelles études ; au bout de quelques années, il fut rappelé à Paris par ce même Le Kain qui ne s'imaginoit point avoir affaire au jeune Américain dont 6 ans auparavant la visite l'avoit peut-être fait rire de pitié : notre jeune acteur débuta une seconde fois, fut accueilli du public, et définitivement reçu à la Comédie française, *double de Le Kain*. « Enchanté de mon heureuse étoile, ajoute

Larive, je l'invitai un jour à dîner ; je fis tomber, à la fin du repas, la conversation sur la témérité des débutans et sur leur confiance ; je lui demandai s'il se rappeloit un jeune Américain qui avoit été le consulter et qui lui avoit avoué la prétention qu'il avoit d'être son double ; après avoir réfléchi un moment, Le Kain me dit : Ah ! je m'en souviens, je n'ai rien vu de plus fou que ce jeune homme ; il avoit bien dans la tête toute la chaleur de son pays ; il devoit, disoit-il, ou mourir, ou être mon double ; et, puisqu'il ne l'est pas, je ne doute pas qu'il ne soit mort. Pardonnez-moi, lui répondis-je en trinquant avec lui, il vous a tenu parole ; car ce fou d'Américain, c'est moi-même. »

Double d'un acteur comme Le Kain, Larive rencontra d'abord beaucoup d'épines dans une carrière où son chef d'emploi ne cueilloit plus que des roses ; mais une espèce de mélodrame (le Pygmalion de Jean-Jacques Rousseau) qu'il s'avisa de mettre au théâtre, et dans lequel il faisoit le premier personnage, lui procura l'occasion d'un succès brillant qui décida de son sort au théâtre. Les auteurs dramatiques commencèrent à lui apporter des rôles, et une fois qu'il se fût formé un commencement de répertoire, où l'on ne pouvoit plus le juger par comparaison avec *Le Kain*, il devint l'acteur favori des femmes et des jeunes gens, laissant à son *chef*, toujours éminemment tragique, l'estime et l'admiration inaltérables des connoisseurs.

Plus Le Kain vieillissoit et voyoit sa santé dépérir, plus il étoit forcé d'abandonner des premiers rôles; et chacune de ces concessions faites à son double, étoit pour celui-ci d'un prix inestimable. On s'accordoit généralement à dire que Larive étoit loin de l'égaler en intelligence, en sensibilité et en profondeur; qu'il n'en approcheroit jamais, ni dans Orosmane ni dans Vendôme, et cela étoit incontestable; mais que faut-il, avant tout, dans la plu-

part des rôles de *jeunes héros* ? de beaux
traits, une taille avantageuse, une voix
souple, sonore et vigoureuse, de la grace
dans le maintien, de la noblesse dans les
développemens, une grande chaleur de
tête, en un mot de beaux organes, de
brillantes superficies; et telles étoient les
qualités théâtrales de Larive, qui avoit en
outre l'avantage d'être bien guidé par mademoiselle Clairon; aussi étoit-il sûr d'enlever presque tous les suffrages dans les
rôles du Cid, d'Achille, de Tancrède, de
Zamore et d'Arzace, où il couvroit d'un
éclat éblouissant les erreurs de son intelligence, qui étoient quelquefois des contre-
sens.

A la mort de Le Kain, *Molé* et *Monvel*
disputèrent vivement à Larive l'héritage de
ce grand comédien; mais quoiqu'inférieur
à ces deux collatéraux sous le rapport de
la science et peut-être même de la sensibilité, Larive ne tarda pas à les forcer de s'en
tenir à leur genre. Dirigé alors par madame

Larive, qui étoit remplie de goût et de talent, et trouvant d'ailleurs en lui-même le foyer d'un bel enthousiasme, il n'eut qu'à développer, dans cette concurrence, une partie des brillans avantages que la nature lui avoit départis, et tout le talent de ses compétiteurs fut éclipsé ; il pourroit se faire à ce sujet l'application de ce que dit Œdipe :

« J'étois jeune et superbe ;

Et ajouter encore, comme le fils de Layus :

« La victoire entre nous ne fut point incertaine.

On voulut quelque temps après lui opposer de nouveaux rivaux, le beau et mugissant Ponteuil, le sombre et horrible Grammont ; mais ils ne purent tenir long-temps auprès de lui ; des sifflets obstinés contraignirent le premier à la retraite ; l'autre fut relégué dans les rôles féroces si bien assortis au caractère de sa figure.

Débarrassé de toutes ses entraves, le

talent de Larive prit bientôt un nouvel essort ; et sa réputation devint immense ; on le vit jouer successivement et avec un succès toujours croissant, Spartacus, Philoctète, OEdipe et Gustave : on ne parloit plus que de Larive ; tous les jeunes acteurs s'efforçoient d'imiter Larive : ses plus grands défauts même, aux yeux de la multitude, devinrent des beautés admirables.

Le cours de ces glorieuses prospérités dura jusqu'à l'époque du début de mademoiselle Desgarcins, en 1788, époque où les partisans de cette actrice, outrés de ce que Larive lui préféroit mademoiselle Fleury (son élève), résolurent de venger sur lui leur protégée, et le sifflèrent indignement. « Ce fut, dit-il, après avoir joué quarante fois à Paris le rôle très-difficile d'Orosmane, et après avoir été en plusieurs occasions appelé par le public (faveur très-rare alors) pour recevoir les témoignages les plus flatteurs de son contentement , que je fus traité dans ce même rôle avec la dernière rigueur : j'avois présenté au public une jeune personne qui, cinq fois de suite , obtint quelque succès dans le rôle de Zaïre ; on en présenta une autre après ce même début, et pour prouver qu'elle valoit mieux que la première, on loua vingt loges , qu'on eut soin de remplir de gens officieux ; ceux-ci, en relevant le mérite de la nouvelle actrice , ne manquèrent pas de dire de moi, à l'occasion de mon élève , tout ce qu'ils purent penser de moins favorable à ma personne et à mon talent : comme on est toujours porté à croire plutôt le mal que le bien, je fus reçu avec une indifférence à laquelle je n'étois pas accoutumé. Cet accueil peu flatteur me refroidit en entrant sur la scène; quelques signes d'improbation se manifestèrent ; je m'indignai alors , moins pourtant contre mes persécuteurs , que contre ceux qui me laissoient persécuter; ma voix s'altéra , et au lieu de trouver dans mon ame cette sensibilité exquise , si nécessaire pour peindre l'amour brûlant d'Orosmane, je n'y trouvai que de la rage et de la fureur. On doit concevoir que dans une telle disposition il me fut impossible de bien jouer. »

Immédiatement après cette malheureuse représentation , Larive quitta la comédie française où il ne fut plus attaché depuis comme sociétaire. Deux ans après , à la demande générale du public , il se décida à remonter sur la scène , et choisit pour reparoître le rôle d'OEdipe. Le jour de cette rentrée fut un des plus heureux de sa vie ; jamais triomphe n'avoit été plus complet , jamais aussi Larive n'avoit si admirablement joué ; les vieux connoisseurs eux-mêmes , qui avoient constamment nié la réalité de son talent , crurent retrouver en lui toute l'ame et la profondeur de Le Kain , et en consignèrent l'aveu dans les journaux... Sa fortune étoit à son apogée; elle ne fit plus ensuite que décroître.

La révolution éclata ; dénoncé comme *royaliste*, pour avoir reçu dans sa maison du Gros-Caillou, le maire Bailly et l'état-major de M. de Lafayette, le jour où le drapeau rouge fut déployé au champ de Mars contre les révolutionnaires qui demandoient la déchéance de Louis XVI, il fut décrété, poursuivi, incarcéré, et sa vie ne tint qu'à un fil, comme on va le voir par les détails suivans, dont je garantis l'authenticité.

Il existoit au comité de salut public, un bureau de dépôt où toutes les pièces pour et contre les détenus de la République, étoient classées et analysées ; ce bureau étoit, par parenthèse, et par extraordinaire, presqu'entièrement composé d'honnêtes gens, dont la plupart n'étoient pas faits pour être commis, et ne s'étoient placés si près du centre de l'autorité jacobite, que pour éviter les poursuites des comités révolutionnaires et se dispenser de produire des certificats de civisme.

Parmi les pièces réclamées avec instance par la commission populaire *travaillant au Louvre*, se trouvoient celles de Larive, qui se composoient en partie d'accusations absurdes , mais dont la moindre étoit plus que suffisánte, à cette époque , pour motiver la mort de l'accusé. De son côté *Larive* produisoit pour sa défense des certificats nombreux , et quoique les meilleures raisons du monde fussent alors des moyens à-peu-près superflus , il eût été injuste et barbare de livrer aux juges les pièces à sa charge , sans y joindre celles où il établissoit sa justification ; ce fut cependant ce qui manqua d'arriver par l'étourderie généreuse d'un commis nommé Labussière (1). Ayant aperçu sur le bureau du chef une liasse des pièces de Larive , il s'empressa de les enlever et de les anéantir comme il faisoit de beaucoup d'autres.

---

(1) La quantité des victimes qu'il a sauvées à cette époque est innombrable.

Quelques jours après il arriva un arrêté des comités de sûreté générale et de salut public réunis, portant ordre de livrer sans délai la procédure de Larive à la commission, pour être transmise de suite au tribunal révolutionnaire; on ouvre le carton et on ne trouve que la moitié des pièces. Eh! quelle moitié encore! celle qui n'est composée que de dénonciations, celle qui doit infailliblement faire prononcer l'arrêt de mort de cet acteur célèbre. On cherche l'autre partie, elle n'existe plus.

M. ***, dépositaire comptable, ne répond point à l'ordre du comité, espérant qu'on l'oubliera ou qu'on retrouvera les pièces justificatives; mais la commission, avide de chair humaine, réclame la remise du dossier dans les termes les plus absolus, et dénonce les *ralentisseurs*.

Nouveaux délais de la part de M. ***, qui enfin pressé de livrer les pièces *telles quelles*, s'écrie avec indignation : *je ne serai pas complice d'un assassinat*, et donne sur le champ sa démission , qu'on veut bien ne pas accepter.

Cet acte de vigueur eut du moins l'avantage de suspendre pendant quelques jours la hache révolutionnaire qui menaçoit la tête de Larive ; le 9 thermidor arriva , et tous les détenus furent sauvés.

Mais de pareilles vicissitudes laissent nécessairement de longues traces dans l'ame de celui qui les a éprouvées ; la santé de Larive s'étoit affoiblie , et il fut aisé de remarquer lorsqu'il remonta sur la scène , qu'il n'avoit plus cette énergie , cette brillante chaleur de tête , qui l'avoit rendu en quelque sorte l'idole des amis de l'art dramatique. De l'*Odéon*, où il débuta par le rôle de *Guillaume Tell*, il passa au théâtre de Louvois , dirigé par mademoiselle *Raucour*, où il fut obligé de réunir toutes ses forces pour soutenir le poids énorme de sa réputation ; et enfin il rentra à la comédie française (rue de Richelieu), où sa vie théâtrale ne fut plus qu'un mouvement alternatif de succès et d'humiliations : de succès dus à l'ancien amour du public pour sa personne, et à quelques retours très-heureux de son beau talent ; d'humiliations causées par l'extrême rigueur de certains journalistes, et par l'esprit de raillerie et de dénigrement, qui des journaux étoit passé à cette époque dans la tête de presque tous les jeunes gens. Fatigué de courir chaque jour une si pénible chance, il ne tarda pas à prendre sa retraite, laissant le champ libre à *Talma* et à *Lafond*, qui malgré tout leur talent ne l'ont pas entièrement remplacé, et ne le remplaceront jamais dans les pièces où il excelloit.

Larive n'étoit point supérieur dans les rôles qui exigent un grand fonds de sensibilité ; il pleuroit mal et ne faisoit pas pleurer ; il laissoit même à desirer plus d'art dans les passages où il faut un grand travail de diction, une étude approfondie de chaque idée et de chaque mot, et enfin, si je puis m'exprimer ainsi, la métaphysique du théâtre ; mais il voyoit en grand, saisissoit bien l'ensemble d'un rôle, étoit toujours noble et énergique ; ses dévelop- pemens étoient faciles et d'un bel effet ; ses gestes toujours variés, naturels et ex- pressifs. Jamais peut-être on n'avoit vu à la scène un plus bel homme ; une tête par- faitement dessinée, de belles dents, des yeux à fleur de tête, une voix de taille, pleine, ronde et sonore, dont les modu- lations étoient infinies, et qui, admirable dans le medium, devenoit terrible dans les éclats ; tous les avantages physiques, en un mot, étoient l'apanage de cet acteur.

Enrichi de ces dons naturels, et doué de cette heureuse irritabilité de nerfs qui produit tous les genres d'enthousiasme, il fut l'acteur par excellence dans les pièces essentiellemnet héroïques, dans celles du genre chevaleresque, surtout.

Une autre qualité particulière le carac- térisoit ; personne ne jouoit avec autant de naturel et d'énergie, le mépris insultant, l'ironie amère et tout ce qu'on pourroit appeller les fanfaronnades tragiques ; l'âpreté de ton qu'il y mettoit, et le sentiment intime qu'il paroissoit avoir de sa force et de son autorité, écrasoient presque infailliblement ses interlocuteurs.

Les malheurs éprouvés par ce célèbre tragédien sous le régime décemviral, ayant, comme je l'ai déja dit, fatigué ses moyens physiques, et desséché les cordes de sa belle voix, on remarqua avec regret, dans les derniers temps, qu'il tentoit de remédier à cette altération d'organes par des efforts un peu outrés, et que n'étant plus dirigé par l'intelligence et le goût de madame Larive, il tomboit souvent dans le trivial en croyant trouver le naturel......; mais ce n'est ni d'après Agésilas, ni d'après Attila qu'il convient de juger du génie de Corneille ; il ne faut pas davantage juger du talent de Larive par les dix dernières années de sa vie théâtrale. Quoiqu'en aient dit plusieurs journalistes, qui sans doute ne l'avoient pas vu à l'époque de ses brillans succès, cet acteur laissera un beau nom dans l'histoire du théâtre. On y citera toujours quatre grands tragédiens : *Baron* pour la noblesse, le naturel et la décence ; *Le Kain* pour la *profondeur*, *l'énergie* et le *sublime du pathétique*; *Larive* pour l'éclat, l'enthousiasme, l'héroïsme et l'entraînement ; et *Talma*, dans un cercle moins étendu, pour l'énergie des sentimens concentrés, le jeu terrible de la physionomie et la perfection de la pantomime.

LASOZELIERE.

Ce vieux comédien n'exerce plus ; mais il donne d'excellens avis aux jeunes acteurs. Sa conversation est utile et piquante, et ce qu'il y a davantageux dans les leçons qu'il donne, c'est qu'il joint presque toujours l'exemple au précepte. Sa manière de dire est aisée, variée, et surtout remplie de naturel, et l'on voit qu'il n'a rien perdu de la chaleur de sa jeunesse.

Il faut pourtant que ses élèves se pré-
munissent contre l'exemple qu'il peut leur
donner d'une aisance *trop abandonnée,*
d'un *laisser-aller* trop habituel ; ce défaut
ne sied pas mal à son âge, mais il attire-
roit à de jeunes comédiens, le reproche
d'une excessive familiarité.

A tout prendre, si j'étois directeur de
spectacle, fût-ce même du théâtre français, M. Lasozélière seroit mon répétiteur.

LAURENZETTI (Mlle)

Opéra-Buffa.

Cette cantatrice, qu'on dit élève d'un
excellent maître (Tarchi), remplace mo-
mentanément et doublera sans doute par
la suite madame Crespy - Bianchi, dans
l'emploi des *prima dona ;* quelques amateurs pensent qu'elle seroit plus convenablement placée dans celui des *seconda
dona.* Je ne dirai pas à son sujet :

Tel brille au second rang qui s'éclipse au premier.

mais telle s'éclipse au premier rang , qui peut briller au second.

Sa voix , sans avoir beaucoup de volume , s'étend avec flexibilité ; le timbre en est souvent flatteur ; mademoiselle Laurenzetti surmonte avec aisance d'assez grandes difficultés ; mais elle n'est pas toujours sûre de ses intonnations , et il lui échappe par fois des sons équivoques , dont nos amateurs Parisiens ne manquent jamais de lui faire un crime ; au total c'est un talent très-agréable , et qui mérite des encouragemens.

LAVAROS.

Ci-devant au théâtre de la porte Saint-Martin.

Nonobstant cette belle terminaison en *os*, M. *Lavaros* n'a pas l'air d'un Grec ; mais comme il est jeune et timide, il ne faut pas le juger rigoureusement. Nous nous sommes même laissé dire par quelques-uns de ses amis, qu'il a de la sensibilité et une bonne diction : et nous n'avons pas de trop fortes raisons pour en douter.

LAYS.

Académie Impériale de Musique.

On ne lui a pas encore disputé la première place parmi les chanteurs de l'Académie impériale ; et, au train que prennent les affaires musicales dans ce ci - devant pays des merveilles, il y a grande apparence que Lays y conservera encore long-temps son incontestable supériorité.

Il seroit difficile de lui opposer, chercha-t-on dans toute l'Europe, un chanteur plus essentiellement musicien : sa voix, qui n'est point une basse-taille, quoiqu'il veuille la faire passer pour telle et s'efforce souvent d'en grossir les sons outre mesure, est à juste titre considérée comme le plus beau concordant qui existe ; con-

cordantpur, onctueux, facile, et incomparablement préférable à tous ces *tenors*
factices qui sont devenus à la mode, et qui
ne peuvent rien entreprendre sans la misérable ressource du fausset.

Sa méthode de chant est *matérielle-*
ment excellente, et l'on ne sauroit trop
la proposer pour règle à nos jeunes élèves ;
mais, tout habile qu'il est dans son art,
on lui désireroit quelquefois un peu plus
de goût et de légèreté : l'accent de sa voix
est parfaitement convenable au genre
bouffe, aussi excelle-t-il dans les rôles de
Panurge et de *Ladandinière*; mais avec
toute la pureté de son chant, il ne peut
que difficilement s'élever à la hauteur du
Maestoso ; il exprime bien le sentiment,
mais jamais avec l'accent héroïque, et quelques personnes vont jusqu'à lui reprocher
de n'avoir qu'une voix populaire.

Comme acteur, il convient mieux, également, au genre de la comédie, parce
qu'il n'a point la taille élevée, et que sa

II.   13

physionomie est souvent plaisante ; il joua il y a quelques années le rôle de Figaro, dans le mariage de Figaro de Mozart, sinon avec toute la légèreté désirable, du moins avec beaucoup d'intelligence.

M.....y.

LEBRUN.

Académie Impériale de Musique.

Il a été long-temps attaché au théâtre de Feydeau, où il remplissoit quelques rôles d'amoureux. Quoique sa voix fût un peu dure, il chantoit d'une manière satisfaisante ; comme acteur il étoit moins heureux.

Il est aujourd'hui à l'Académie impériale de musique avec le titre pompeux de MAITRE ET CHEF DE LA SCÈNE, qui a remplacé celui de *maître de musique au théâtre*, dont la signification étoit du moins plus intelligible ; doué de grandes connoissances en musique, et même agréable compositeur, il n'y a nul doute qu'il ne soit parfaitement digne de sa place.

Lebrun est un homme d'un commerce sûr et agréable, qui se fait généralement aimer et estimer.

LECLERC.

Théâtre Français.

Cet acteur a une très-belle voix et articule avec beaucoup de netteté. Il est dommage qu'il paroisse plus sensible à l'harmonie du vers ou de la période poétique qu'à l'esprit et au sens des paroles, et qu'il éteigne en quelque sorte toutes les nuances de sentiment ou de caractère dans cette boursoufflure cadencée qu'on appelle déclamation.

Sa monotonie est insupportable, et son intelligence même, paroît endormie dans les *tirades* de raisonnement, qui, pour être bien entendues et fixer l'attention du public, doivent être *parlées* avec une

grande souplesse d'inflexions et une savante distribution de détails. Mais quelquefois une pensée forte, une idée brillante, ou un grand mouvement de scène,
le tirent tout-à-coup de son assoupissement, et alors, faisant éclater sa voix à
la manière de Larive, il produit de trèsbeaux effets ; c'est ce qui lui arrive assez
souvent dans le rôle de Mithridate, et même
dans celui du vieil Horace.

LÉGER (M.^m), ci-devant MOLÉ.

Théâtre de l'Impératrice.

Elle joue les rôles de *mères* dans la
haute comédie et les *Escarbagnas* dans le
bas-comique.

Dans les premiers, elle a moins de vérité que de méthode, et elle *dit* quelquefois avec une afféterie qui contraste défavorablement avec la *rondeur* de ses
moyens.

Dans les seconds, elle charge trop et

elle se costume d'une manière par trop ridicule ; ce qui nous rappelle naturellement
ces vers :

Mais pour nous égayer ne nous révoltez pas ;
N'enrubanez po'nt trop vos burlesques appas ;
Dans vos plus grands excès soyez prudente et sage ;
Baissez de vos cheveux le double ou triple étage ;
Élaguez ce panier , rognez cet éventail ,
Et n'ayez point enfin l'air d'un épouvantail. «

Quoi qu'il en soit , madame Molé n'est
point dépourvue de talens ; sa diction est
correcte ; elle connoît le *charlatanisme*
de son art , et elle trouve souvent le
moyen de faire valoir un rôle ingrat.

Cette actrice donna sous son nom , il y
a quelques années , le drame de Misantropie et Repentir , qui obtint un succès pro-
digieux ; mais elle n'y avoit fait autre chose
que de légères coupures et de méchantes
additions qu'on fut forcé de réformer. La
pièce originale étoit de Kotzbuë , et le
comédien *Bursey* en avoit fait une traduction dont madame Léger avoit profité sans
façon.

LENOBLE.

Vaudeville.

Le Noble n'est pas son surnom, ou l'épithète seroit ironique.

Cet acteur a la mine d'un très - bon homme et la prononciation un peu *empâtée*, ce qui le rend parfaitement propre à jouer les rôles de Cassandre et de Pantalon.

Il joue fort bien aussi ceux d'anciens domestiques, de compères, et toutes les carricatures de vieillards–bourgeois.

Beaucoup de naturel et de simplicité; acteur précieux pour son théâtre.

LEROI (Mme)

Ambigu - Comique.

Grande princesse de mélodrame, utile dans tous les rôles qui demandent une fausse chaleur, beaucoup d'emphase et d'exagération. Mais hélas! pourquoi joue - t - elle dans la comédie ! *(article communiqué.)*

LESAGE.

Théâtre Feydeau.

Il est aimé du public et il fait chaque jour ce qu'il faut pour s'en faire aimer davantage. Son emploi est celui des *niais*, et il le remplit avec un talent bien supérieur à celui de *Trial*, qui a laissé son nom à ce genre de comique. Peu d'acteurs savent aussi bien occuper la scène ; jamais il ne sort de l'esprit de son personnage, et il se montre toujours agissant, lors même que son rôle ne lui prescrit aucune action. Ses costumes sont ordinairement plaisans, sans carricature outrée, et sa figure paroît toujours plus ou moins *bête*, selon l'intention de l'auteur; il est de plus, bon musicien, et lorsqu'il s'agit d'exécuter sur la scène une partie de violon, il déploie sur cet instrument un talent très-distingué.

On trouve avec raison qu'il ne varie pas assez ses inflexions ; qu'il prend trop souvent sa voix dans la gorge ; qu'il manque quelquefois de *mordant*, et qu'enfin son débit a de la monotonie.

LESCAUT (Sara).

Cette actrice, qui n'est aujourd'hui fixée à aucun théâtre, a été long-temps à celui du Vaudeville, ce qu'y fut depuis madame Belmont ; et madame Belmont n'est même jamais parvenue à la faire oublier dans les rôles les plus remarquables du répertoire, notamment dans ceux d'*Honorine* et d'*Adèle*, des *Métamorphoses*.

Mlle *Sara Lescaut* fit une grande faute en passant du Vaudeville au théâtre de M. Picard (aujourd'hui théâtre de l'Impératrice). Jetée brusquement de côté par des femmes, qui étant loin d'avoir son mérite, mettoient en jeu contre elle toutes les ressources de l'intrigue et de la *galanterie*, elle n'eut presque jamais l'occasion de marquer avec éclat sa supériorité de talent, et elle finit par tomber dans une sorte de découragement qui assura le triomphe de ses rivales.

Cette actrice n'est pourtant pas dans l'âge de reculer devant les difficultés ; elle est au contraire dans celui de la force , du courage et de la persévérance ; et tous ses amis, ainsi que les amis de l'art dramatique, doivent l'exhorter à rentrer dans la carrière avec plus de confiance que jamais.

Mademoiselle *Sara Lescaut* a une excellente diction , un jeu simple , naturel et animé ; une sensibilité profonde, du feu, de l'irritabilité ; tout ce qu'il faut en un mot pour jouer avec succès les grands rôles de la comédie et du drame.

LÉVERD (Émilie).

Ci-devant théâtre de l'Impératrice.

Le chagrin d'avoir quitté le théâtre de Louvois ne paroît pas avoir beaucoup altéré la santé de cette actrice , qui à l'âge où les femmes ont ordinairement la légèreté des nymphes , a tout l'embonpoint d'une Vénus flamande : heureusement cet embonpoint précoce ne détruit point en elle les graces et l'air de jeunesse, qui sont aux yeux de bien des gens , la première beauté. Sa physionomie est vive et piquante , et de prétendus connoisseurs, qui cherchent partout d'heureux augures, font les plus jolis commentaires sur sa petite bouche et son petit pied.

Comme actrice , elle est agréable, et ne gâte point par trop d'art les qualités qu'elle tient de la nature. Sa diction est juste et animée.

Elle se propose , dit - on , de débuter aux Français dans l'emploi des grandes coquettes, sous les auspices de Florence.

L I N V I L L E. (Mme)

Variétés - Panorama.

Cette actrice , qui ne manque ni d'intelligence ni de grace , gâte ces qualités par de l'affectation : elle vise sans cesse aux effets , et cette exagération , qui lui a valu d'abord beaucoup d'applaudissemens dans ses débuts à ce théâtre , ne fait déjà plus que trahir l'impuissance de ses moyens , qui ne répondent pas à son air d'excellente santé. Sa voix est plus jolie qu'étendue , et il faut qu'elle la ménage.

(Article communiqué.)

MAILLARD.

Académie Impériale de Musique.

Tu dieu ! messieurs , quels tuyaux d'orgue ! l'instrument n'a pas toujours la justesse requise , mais qu'on m'en cite d'aussi vigoureux et qui rendent avec plus d'énergie la terrible musique de Gluck.

Trouveroit-on aussi une seule reine tragique qui réunît au même degré tous les attributs de la *puissance* ; une reine dont la voix fût plus imposante , le geste plus noble et plus impérieux , et dont la personne royale, en un mot, occupât une plus grande place sur la scène.

On assure que mademoiselle Maillard n'a pas fait de grandes études, et qu'elle ne doit qu'à la nature son double talent de cantatrice-tragédienne. C'est ce qu'il importe peu de vérifier : le public aime à jouir des effets, sans remonter aux causes. Toujours pathétique, quelquefois sublime, elle a cela de commun avec nos plus grands artistes, qu'elle n'est jamais plus admirable que dans les situations extrêmes où elle s'abandonne aux mouvemens de son enthousiasm .

MAINVIELLE.

Théâtre Français.

Il sera difficile de porter un jugement absolu sur le talent de ce jeune acteur, tant que son accent méridional gênera sa déclamation et l'empêchera de se livrer aux divers mouvemens de son ame. Sa façon de sentir fût-elle parfaite, ses inspirations fussent-elles sublimes , il pècheroit toujours par l'expression ; et des oreilles parisiennes ne s'habitueront jamais à entendre un acteur de la comédie française, subvertir les premières règles de la prosodie, au point de dire *grace* au lieu de *grâce*, *trone* au lieu de *trône* , etc., et de transformer par un abus inverse toutes les syllabes brèves en longues , ce qui produit quelquefois , comme il est aisé de le concevoir , la plus bizarre cacophonie.

Mais à force de soins et d'étude , Mainvielle parviendra sans doute à corriger ce défaut de prononciation : son *élocution* plus facile le dispensera de recourir à la ressource bannale d'une déclamation boursouflée ; et je pense qu'il pourra alors être compté au nombre de nos bons tragédiens, car ses gestes se développent avec noblesse; il paroît susceptible d'enthousiasme , et il a quelquefois , malgré ses entraves, des momens d'abandon qui entraînent ; je lui crois toute fois plus de chaleur de tête que

II.   14

de véritable sensibilité , et plus de disposition à jouer les rôles héroïques, qu'à exprimer l'amour et la tendresse.

Médiocre dans la comédie.

MARCHAND.

Théâtre Français.

Acteur célèbre par son nez , qui l'a fait surnommer le père Anchise. Personne ne sauroit apporter une lettre avec plus d'aisance , de grace et de profondeur : il dirige en outre les divertissemens chorégraphiques du Malade Imaginaire et du Bourgeois Gentilhomme ; et l'on ne sauroit comparer à la gloire qu'il s'est aquise dans cette partie , ni la réputation de M. *Gardel ,* ni celle de feu *Dauberval,* dont les ballets toutefois ne sont pas à dédaigner.

MAREILLER, cadette.

Ballets de l'Académie impériale de Musique.

Jolie danseuse. Partout ailleurs qu'à

l'opéra de Paris elle occuperoit le premier rang ; mais à côté des Miller - Gardel , des Vigny et des Clotilde , on sait que les graces les plus piquantes et les talens ,les plus recommandables , ont trop de peine à se faire remarquer.

N....S.

MARS. (Mlle.)

Théâtre Français.

Quel scandale pour mes lecteurs , si j'osois reproduire aujourd'hui sans correctif le portrait de mademoiselle Mars , tel qu'on le trouve dans la *Lorgnette des Spectacles* de 1801.

« *De beaux yeux , un doux regard , un maintien décent , une jolie figure , et un organe agréable, ont mérité à cette jeune actrice les applaudissemens du public ; elle ne manque ni d'intelligence ni de finesse (* ELLE NE MANQUE ; *l'éloge est mince) ; mais elle semble jouer continuellement avec timidité ; et son air de retenue , convenable à quelques rôles* *d'innocentes , paroît d'un froid glacial (le mot est dur et injuste) dans tous ceux où l'on a droit d'attendre du sentiment et de la gaîté. La foiblesse de sa complexion semble influer sur son talent et lui interdire les premiers rôles.* »

Ce que cet article pouvoit avoir de juste et de convenable, il y a sept ans, ressembleroit aujourd'hui à de la critique amère, peut-être même à de la calomnie ; et cependant, il faut l'avouer, le talent de mademoiselle Mars est demeuré à-peu-près le même. C'est l'opinion publique qui, je ne sais par quelle raison, a si favorablement changé à l'égard de cette actrice ; et quand le public a de ces retours de bienveillance, surtout en faveur d'une jolie femme, il n'appartient à personne de le contredire.

La verité est, toutefois, que la sensibilité de mademoiselle Mars va rarement jusqu'au pathétique ; que sa gaîté se borne presque toujours à nous faire sourire ; et qu'enfin cette actrice, si intéressante, si aimable dans les rôles doux et ingénus où de légères teintes de comiques doivent nuancer l'expression du sentiment, est sur le point de se voir privée de ses plus précieux avantages, en passant comme elle le projette, de l'emploi des adolescentes à celui des grandes coquettes.

Des poëtes la compareroient au charmant bouton de la rose simple, qui doit perdre une partie de ses attraits en s'ouvrant au soleil de midi ; un métaphysicien verroit en elle l'emblême de la perfection possible renfermée dans son plus petit cercle. Pour moi je me borne à lui conseiller de différer tant qu'elle le pourra l'échange de son joli bouquet d'Agnès contre la riche aigrette des Céliantes.

Il semble, au surplus, que *Dorat* ait voulu proposer mademoiselle Mars pour modèle aux jeunes nymphes de la comédie, dans le poëme de la Déclamation :

Les rôles ingénus veulent de la décence ;
L'actrice s'embellit par un air d'innocence ;

L'amour doit y briller , mais doux et désarmé;
Songez qu'il vient de naître et qu'il n'est point formé.
. . . . , ...
Exprimez dans vos yeux l'enfance du désir ,
Et d'un cœur étonné qui s'éveille au plaisir ;
Il faut que votre voix, en peignant votre flamme,
En sons mélodieux se fasse entendre à l'ame ;
Offrez-nons , s'il se peut , ce timide embarras,
Que donne la nature et qu'on n'imite pas.

Il y avoit au Théâtre Français une autre D.^{lle} *Mars* (sœur aînée de la nôtre), qui remplissoit avec un talent plus estimable que brillant les rôles de secondes coquettes dans la comédie : celle-ci , quoique belle encore , et dans l'âge où l'on garde ses conquêtes , paroît avoir renoncé au théâtre; j'ignore si c'est à elle ou à sa sœur qu'un poëte d'Athénée adressoit les vers que voici:

A mademoiselle MARS :
Trois Dieux en un seul Dieu ! ma raison peu crédule
En a douté jusqu'à ce jour ;
Mais sur les Trinités je n'ai plus de scrupule :
Ne vois-je pas en toi , MARS , *Vénus et l'Amour?*

MARTIN.

Opéra Comique-Feydeau.

Peu de chanteurs joignent à un *tenor*

aussi beau un aussi grand talent d'exécution; il n'en est pas même un qui *passe*
aussi facilement, et d'une manière aussi
brillante, les plus grandes difficultés ; aucun obstacle ne lui paroît insurmontable ,
et il semble toujours n'en pas trouver assez, tant sa voix et fraîche, flexible et
sonore , et tant l'excellence de sa méthode
ajoute á l'étendue de ses moyens.

Mais tout dégénère en abus ; excité par
de nombreux applaudissemens , cet inimitable chanteur va souvent au-delà du
but; à force d'accumuler roulades sur roulades, il *étouffe* en quelque sorte le motif
du compositeur, et il dénature quelquefois les airs au point de les rendre mécon-
noissables. Cette licence est tolérable sans
doute dans certaines ariettes détachées de
l'action dramatique, et qui n'ont été faites
que pour donner au chanteur les moyens
de briller ; mais, pour peu qu'ils tiennent à
la pièce , et qu'ils doivent avoir d'expression, les morceaux de musique perdent à

cette surabondance de notes. En effet, il est impossible qu'un virtuose, occupé du soin de broder son chant avec tant de prodigalité, s'occupe, en même temps, du caractère dramatique nécessité par la situation, et de l'idée ingénieuse, tendre ou pathétique, que son rôle lui ordonne d'exprimer. Les agrémens les plus brillans doivent alors refroidir l'ame du spectateur, qui, quoiqu'on en dise, s'intéresse encore plus vivement au poëme qu'à la musique. Le talent est donc de marier habilement les deux parties, de manière qu'elle concourent également à la perfection de l'ensemble, et c'est ce que Martin paroît quelquefois négliger ; s'il a la prétention de plaire à tout le monde par la seule ressource de son chant, nous croyons qu'il n'y parviendra pas aussi sûrement qu'en suivant notre conseil ; en effet, porta-t-il le talent de chanteur au plus haut degré de la perfection, s'il néglige l'expression dramatique, il ne se fera admirer que comme un très-bel instrument, et, alors, on le trouvera mieux placé dans un concert que sur la scène : nous disons plus, en mettant de l'ame dans son chant, il acquerra un nouveau charme aux yeux même des musiciens les moins sensibles au mérite des paroles ; car la musique, quoiqu'*isolée*, doit exprimer par elle-même un sentiment quelconque, ou elle n'est plus qu'un amas de notes insignifiantes et fastidieuses. Il en a eu la preuve toutes les fois qu'il a chanté sa simple romance du Secret :

« Je te perds fugitive espérance, etc. »

Les applaudissemens unanimes du public lui ont toujours fait connoître combien on préfère généralement la manière pure et *sentimentale* dont il exécute ce charmant morceau, au luxe éblouissant dont il veut orner plusieurs autres ; et combien la chaleur d'expression ajoute de charmes à la musique la plus mélodieuse.

Je ne me serais pas permis ces observations, si Martin ne m'avoit pas paru capable d'en profiter : on a des preuves certaines de sa parfaite intelligence, et nous voyons déjà avec plaisir qu'il commence à soigner son débit, surtout dans la partie du dialogue, ce qui annonce en lui l'intention d'unir le talent de comédien à celui de chanteur. Il est on ne peut pas mieux sous ces deux rapports dans *Maison à vendre* ; le *Barbier de Séville* ; *Gulnare* ; *une Folie*, etc. Son véritable genre paroît être le comique des valets et la bouffonnerie italienne. Il est difficile d'être plus gai dans le *Trente et Quarante* et dans l'opéra d'*Auberge en auberge* ; en dernière analyse, Martin est un des premiers talens du théâtre.

MARTY.

Théâtre de la Gaîté.

Avec un organe rauque et monotone,

avec un œil triste et hagard, il sied mal de jouer les rôles de *jeunes premiers*; mais cet acteur, plein de zèle, de chaleur et même d'intelligence, finit quelquefois par faire oublier ses défauts; ce n'est pas sans peine à la vérité, mais voilà du moins une preuve de plus qu'il n'est rien d'impossible au *labor improbus.*   V.....S.

MENGOZZI. (Mme)

Variétés-Panorama.

Veuve du compositeur de ce nom; connue autrefois sous le nom de Sara.

Elle n'a jamais eu un talent supérieur, ni comme actrice, ni comme chanteuse; mais on aimoit sa jolie figure, ses manières gracieuses et la douceur de sa voix.

La fille de madame Mengozzi a débuté au théâtre de l'Impératrice, et s'y est, dit-on attachée; mais, il n'est pas encore possible de porter un jugement sur le trop jeune talent de cette novice.

MERVILLE.

Ci-devant au théâtre de l'Impératrice.

Il a été remplacé à ce théâtre par le jeune Firmin , qui l'a entièrement fait oublier.

M. Merville , dont j'ignore maintenant la destinée, avoit de l'intelligence, et je crois même de la sensibilité ; mais sa douce figure n'avoit pas toute l'expression désirable ; comme il est très-jeune, cependant, il peut acquérir de la physionomie , et l'on ne doit pas désespérer de son talent.

MEZERAI. (M.lle)

Théâtre Français.

Cette actrice débuta avec un brillant succès en 1791.

Un peu de paresse et un goût prononcé pour la dissipation, nuisirent ensuite au dévelopement de ses talens pour la comédie ;

mais la scission qui eut lieu entre les comédiens français, après leur sortie de pri-
son, l'ayant placée en chef dans l'emploi
des jeunes premières (au théâtre de Louvois dirigé par mademoiselle Raucour),
elle sentit enfin le besoin de réparer le
temps perdu, et ses efforts furent bientôt
couronnés par le plus brillant succès.

Chassez le naturel il revient au galop,

a dit un de nos poëtes. La persévérance
qu'il eût fallu à mademoiselle Mézerai
pour se soutenir long-temps au degré de
supériorité qu'elle venoit d'atteindre, étoit
au-dessus de ses forces morales : la réunion
définitive des Comédiens Français s'opéra,
et notre aimable paresseuse, trop rassurée
sans doute sur son sort, par la stabilité
de la nouvelle administration, ne fit plus
que de foibles efforts pour se distinguer
de ses concurrentes ; elle se réduisit ainsi
d'elle-même à une honnête médiocrité,
tandis qu'elle avoit dans le fond de son

talent tous les avantages nécessaires pour briller au rang des grandes actrices.

Mademoiselle Mézerai a la figure charmante, la taille svelte, le maintien noble et tout ce qu'il faut pour disposer le public en sa faveur ; son organe est d'ailleurs agréable, et elle développe son geste avec beaucoup d'aisance et de graces. Sa diction est pure, nuancée avec finesse, et son débit, naturellement vif et spirituel, se conforme presque toujours aux divers caractères de ses rôles. La réunion de tant de qualités prouve suffisamment ce que je viens d'avancer au sujet de la belle carrière que cette actrice pouvoit parcourir. Maintenant il me reste à indiquer les taches légères dont son talent me paroît obscurci, et qui, par bonheur, sont encore faciles à faire disparoître. Il nous semble que ses inflexions sont un peu monotones et trop continuellement cadencées; qu'elle paroît prendre sa voix dans sa tête. Il nous semble aussi que les rôles de sen-

timent ne sont pas ceux qui lui conviennent le plus, et que, dans les momens où
il faut s'abandonner aux tendres mouvemens de l'amour, elle ne se pénètre pas
sasez de la chaleur indiquée par la situation.

Les rôles de coquetterie sont ceux pour
lesquels elle semble née ; elle a bien dans
la figure, et surtout dans le regard, cet
air de dédain qui distingue nos femmes du
grand ton. Sa manière de parler *comme
à regret*, la vivacité et le piquant de ses
réparties, lorsqu'elle doit jouer la vanité
blessée ; son air langoureux et abattu,
lorsqu'il faut se plaindre de migraines ou
de vapeurs ; enfin la légèreté avec laquelle
elle sait passer du ton de la gaîté folle à
celui de la bouderie, tout en elle sert à
compléter l'illusion. Nous croyons pourtant qu'elle n'approfondit pas assez son
art ; que son talent, plus brillant que correct, est encore un peu *superficiel* ;
qu'elle met quelquefois de *l'afféterie* à la
place du naturel ; qu'elle affecte trop sou-

vent un ton d'ingénuité enfantine qui n'est ni dans le genre de son talent , ni dans le véritable esprit de ses personnages ; enfin qu'elle n'ajoute pas à ses rôles ces traits savans et caractéristiques, qu'au défaut d'une indication précise , les grandes actrices savent inventer. Mais ce surcroît de mérite ne peut s'acquérir que par de longues méditations et par la volonté bien prononcée de ne jamais suivre servilement les traditions ; ce n'est qu'avec de l'assurance, de l'ambition , de la témérité même qu'on s'élève au rang des grands comédiens.

Au reste mademoiselle Mézerai possède des talens de société très-agréables , tels qu'une jolie voix , du goût pour la musique vocale ; et un style épistolaire aussi léger que spirituel.

MICHELOT.

Théâtre Français.

S'il étoit possible qu'un acteur chargé de représenter les jeunes princes dans la tragé-

die, suppléât *entièrement* par son intelligence au défaut presque absolu de moyens
physiques, il ne faudroit pas décourager
Michelot, dont la diction annonce de l'esprit et du sens, et qui paroît avoir de la
chaleur. Mais il ne doit pas se faire trop
d'illusion à cet égard; sa figure, qui est
assez agréable vue de près, ne l'est nullement au théâtre, et l'on aura toujours de
la peine à croire qu'une belle reine comme
l'épouse de Thésée, puisse dire du fond
du cœur à un Hyppolyte comme Michelot :

Que de soins m'eût coûté cette tête charmante !

Vainement s'autoriseroit-il de l'exemple
de Monvel pour prétendre à tous les rôles
de *jeunes-premiers*; on lui répondroit
d'abord : qu'une ame comme celle de
Monvel n'est pas le partage de beaucoup
d'acteurs; que si Monvel étoit d'une taille
un peu trop grêle, comme Michelot, il
n'avoit pas comme lui une figure sans *physionomie*. Les traits de son visage ne manquoient ni de régularité, ni de graces, et

son regard étoit étincelant ; on ajouteroit enfin que , malgré ce précieux avantage, malgré toute sa chaleur et toutes les ressources de son art, Monvel avoit été plus d'une fois obligé de céder ses rôles à des acteurs plus beaux , plus fortement constitués , et qui , avec bien moins d'efforts, et de talent produisoient incomparablement plus d'effet.

Michelot ne peut donc s'attendre à de véritables succès dans les rôles héroïques. Il ne représentera jamais sans risque le brillant Gaston de Foix ; Nemours, l'impérieux et superbe Gusman , Égiste, Xipharès , le tendre et généreux Bajazet: quelle idée un pareil *Nérestan* donneroit-il de la fleur de la chevalerie , en scène avec un bel Orosmane ? et Michelot-Thésée ou Hippolyte , est — il réellement de tournure à faire mourir d'amour l'une après l'autre les deux filles du roi Minos (1).

____

(1) Dans Phèdre il joue le rôle d'Hippolyte, et celui de Thésée , dans Ariane.

Mais si l'altière et robuste Melpomène ne peut avoir pour lui que des rigueurs, son sort sera selon toute apparence plus heureux auprès de Thalie, qui se montre moins difficile envers ses amans, lorsqu'ils peuvent la dédommager de leurs médiocrité physique, par les ressources de leurs intelligence.

On pouroit dans les rôles d'amoureux comiques, lui souhaiter plus de grace et de légèreté, et lui reprocher surtout des négligenees, qu'un grand fonds de talent n'excuse point encore ; mais son débit est assez libre, sa prononciation est nette et ferme ; les nuances de sa diction sont justes variées ; il a enfin du feu, de la sensibilité, du *mordant*, et paroît exempt de mauvais goût...., Dieu le préserve toutefois de la présomption qui devient par malheur le partage de presque tous les débutans applaudis, et qui a étouffé dans le germe tant de talens supérieurs au sien.

MICHOT.

Théâtre Français.

Il a beaucoup de naturel, et des intentions très-comiques ; il joue avec une *vérité* rare tous les rôles qui exigent de la *rondeur*, de la *bonhomie* et de la franche gaîté ; quelquefois même il sait allier à ces qualités le ton le plus touchant de la sensibilité affectueuse ; son organe est rauque, sa figure n'a point de noblesse et sa taille est lourde et massive ; mais ses défauts, indépendans de son intelligence, ne font qu'ajouter à son mérite, puisqu'il trouve le moyen d'empêcher qu'on ne les aperçoive ; il se connoît pourtant assez bien pour ne pas se hasarder dans un emploi trop opposé à ses moyens physiques ; c'est pourquoi il ne cherche presque jamais à s'élever au-dessus du genre bourgeois, et même des rôles d'artisans, dans lesquels, il faut en convenir, personne maintenant ne peut lui être comparé.

Quelquefois, cependant, il a voulu s'exercer dans l'emploi des financiers, et quoique cette entreprise lui ait le plus souvent réussi, il n'a mérité dans ces rôles que des éloges mêlés de critique. Il y a bien apporté cet air d'aisance, ce ton de franche bonté et même cette chaleur comique qui distinguent éminemment son talent, mais il n'y a pas suffisamment évité la *trivialité* qui, malgré tout le ridicule des anciens traîtans, n'entroit pas essentiellement dans leur caractère.

Quant aux rôles de valets qu'il paroît avoir abandonnés, nous regrettons qu'il n'en conserve pas quelques-uns ; sans doute il n'a pas cette légèreté, ce ton fin et sémillant nécessaire dans la plupart de ces rôles, mais il en est où il faisoit le plus grand plaisir ; de ce nombre sont tous ceux où il faut de l'effronterie, du mordant ; et surtout beaucoup de naturel.

Un des personnages qui entrent le plus parfaitement dans le genre de M. Michot, c'est celui du *Vinaigrier*, dans la pièce qui porte ce nom, et du *Domestique Marin*, dans les *Deux Frères*; il y réunit tous les traits qui caractérisent son talent, et il y plaît également à tout le monde.

Cet acteur, quoi qu'on en puisse dire, n'est nullement déplacé à côté des anciens acteurs de la Comédie Française, et peut même être considéré comme un talent parfait, dans le genre qu'il s'est aproprié.

MICHU (Mlle)

Opéra-Comique.

Aujourd'hui madame Paul - Michu. Cette jeune personne ressemble beaucoup à son père ; c'est faire d'elle un assez bel éloge ; car, de mémoire d'homme, je crois, il n'étoit monté sur la scène un acteur mieux fait et d'aussi jolie figure. On sait qu'à près de cinquante ans, il jouoit encore les rôles de *Colins* , avec toute la grace , la légèreté , la gentillesse imaginables , et que les plus jeunes comédiens , ceux que la nature avoient le plus favorisés, étoient éclipsés par ses *charmes* ; oui par ses *charmes* , il faut me pardonner ce mot, la figure de Michu sembloit en effet n'être pas tout à fait celle d'un homme , et qui l'auroit vu habillé en bergère, auroit pu être complètement dupe de son déguisement.

Jusqu'à ce jour pourtant mademoiselle Michu n'est pas d'une beauté aussi frappante ; elle est encore dans l'âge où les formes du corps , les traits du visage , ne sont pas tout ce qu'ils doivent être ; attendons pour prononcer sur ses avantages physiques , qu'ils soient entièrement développés ; quant à son talent , qui n'est pas beaucoup plus formé , il donne de grandes espérances. On a remarqué avec raison qu'il pouvoit en être fait deux parts bien distinctes; l'une , et c'est la plus défectueuse, se compose de toutes les inton-

nations notées , de tous les gestes de tradition qu'elle tient de ses guides ; l'autre,
qui lui appartient en propre , est ce qui
lui fait trouver comme par inspiration dans
de simples mots , dans les situations les
plus communes , des expressions vives et
touchantes. Il faut qu'elle se défasse entièrement de la première qui rend trop souvent son jeu maniéré , sa déclamation
fausse et chantante : la nature , voilà le
maître qu'elle doit uniquement consulter
par rapport à l'esprit et au sentiment de
ses rôles ; quant aux règles de goût et de
convenances , quelle prenne si elle le veut
un guide , mais avec la ferme résolution
de ne jamais sacrifier aux conseils de son
professeur , et au médiocre avantage de
tromper quelques ignorans, la connoissance qu'elle doit avoir de la *vérité dramatique* par un sentiment intérieur, je
dirai presque par sa conscience.

Cette actrice que nous avions trouvée
foible dans le rôle d'Elisabeth (c'étoit à

l'époque de ses premiers débuts), a beaucoup gagné depuis quelques mois. Elle a
même développé dans Lina une sensibilité
profonde et pénétrante , qui n'a pas médiocrement contribué au succès de cette
pièce bizarre.

Comme cantatrice elle n'est pas non plus
à dédaigner. Sa voix est fraîche , flexible ,
sonore ; mais non pas encore assez formée
pour résister à la fatigue ; et il seroit fâcheux que l'on contraignît mademoiselle
Michu à chanter des airs au-dessus de ses
forces.

MILLIÈRE. (Mlle)

Académie Impériale de Musique.

A sa physionomie vive et piquante , à
sa tournure gracieuse , à sa jambe fine et
faite au tour , à son pied mignon et déli-
cat , qui ne reconnoît mademoiselle Millière ! Dans Télémaque , c'est la plus jolie
des nymphes de Calypso. C'est elle que
le fils d'Ulysse doit aimer. La grace et la

II.   16

gentillesse qui distingnent mademoiselle Millière, même parmi les premiers sujets de l'Opéra, me dispensent de faire l'éloge de la snpériorité de sa danse, de l'expression de sa pantomime et de la beauté de ses développemens.

MILON.

Académie Impériale de Musique.

Bon maître de danse, associé à Gardel pour la direction, et je crois même pour la composition des ballets; il danse avec assez de force et de précision; mais il n'a point de genre déterminé. Sa figure et sa longue taille ne sont pas merveilleusement théâtrales.

MINETTE.

Vaudeville.

L'arlequin du Vaudeville ayant les graces d'un jenne chat, il lui falloit cette jolie Minette pour les rôles de colombine. Jamais couple ne fut mieux assorti. Sa Mi-

nette n'a pas encore de talent pour la comédie, et elle n'en aura peut-être jamais.
Mais elle plaît par son air de jeunesse,
par sa physionomie piquante; et l'on
trouve qu'elle *fait patte de velours* avec
beaucoup de grace quand elle caresse son
bergamasque.

MINVAL.

Vaudeville.

Il a débuté au Vaudeville. Figure agréable, taille élégante, maintien décent.
Talent qu'on ne sauroit encore juger, et
qui jusqu'à ce jour n'a pas beaucoup d'effet.

MOLIÈRE. (Mlle)

Théâtre de l'Impératrice.

Jadis au théâtre du Vaudeville, où elle
jouoit les colombines.

Cette soubrette connoît parfaitement la
scène, se pénètre bien de l'esprit de ses
rôles, a une diction correcte, un débit

ferme, une mémoire infaillible, et surtout une volubilité de langue qui lui sert merveilleusement à rechauffer la scène quand l'action commence à languir ; elle a souvent évité par là, à des auteurs qui n'en conviendront pas, et à Picard tout le premier, plus d'une chute bien méritée ; et beaucoup de pièces déjà anciennes, qu'on voit encore avec plaisir, seroient depuis long-temps rayées du répertoire, si elle n'avoit pas mis son amour-propre à en prolonger l'existence.

On ne trouve qu'un défaut à mademoiselle Molière, et par malheur il est capital ; c'est de manquer de franche gaîté. Aucune soubrette, peut-être, ne met plus de nerf dans son débit, ne fait ressortir d'une manière plus saillante les traits d'esprit et de causticité, en un mot n'applique mieux qu'elle ce que les comédiens appellent *le coup de fouet ;* mais il est rare qu'elle égaye le public ; et lors même qu'elle veut y parvenir, il y a dans le jeu de ses lèvres quelque chose de contraint et d'amer qui n'appartient qu'au rire sardonique.

Sa manière est un peu trop *forte* pour les rôles fins, délicats et presque métaphysiques de Marivaux. Elle paroît avoir trop d'esprit et trop peu de simplicité dans les servantes de Molière : mais son véritable genre est celui des soubrettes malignes et intrépides, comme le sont celles de Regnard, et il faut confesser qu'elle y excelle.

MONVEL.

Ci-devant théâtre Français.

Cet acteur, qui laisse un nom célèbre au théâtre Français, où il a même fondé une école, n'a pas entièrement renoncé à l'art du comédien. Il est maintenant professeur de déclamation au Conservatoire Impérial de Musique, et c'est en cette qualité qu'il figure dans ma revue.

Voici le portrait qu'en fait mademoi-

selle Clairon (Monvel étoit alors dans sa
jeunesse) :

« On annonce Achille, Horace, un héros
quelconque, qui vient de gagner une bataille en combattant presque seul contre
des ennemis formidables; ou bien un prince
si charmant que la plus grande princesse
lui sacrifie sans regret et son trône et sa
vie...., *et l'on voit arriver un petit homme
fluet, sans force et sans organe.* Que
devient alors l'illusion ? Je ne puis encore
le concevoir, mais j'ai vu cet acteur que
je viens de peindre, avoir l'audace de tout
entreprendre, et recevoir des applaudissemens effrenés...»

La méchanceté de mademoiselle Clairon
perce trop visiblement dans cette caricature. Il est vrai que Monvel n'avoit pas l'extérieur séduisant ; mais au lieu de lui en
faire un reproche, il falloit au contraire
le féliciter d'avoir su déguiser la foiblesse
de ses moyens physiques, au point de
produire quelquefois autant et plus d'effet

que les plus beaux tragédiens. C'est ce que je crois avoir suffisamment expliqué dans les réflexions suivantes publiées il y a quelques années (Monvel étoit encore au théâtre).

« Il n'est pas notre plus grand acteur, Molé existe, mais il est le plus ingénieux. Personne ne connoît comme lui le parti qu'on peut tirer du talent de la diction, et il en épuise, en quelque sorte, toutes les finesses. Son débit est également soigné; quelquefois seulement il semble annoncer trop de préparation.

Le grand mérite de *Monvel* consiste dans son étude approfondie de la valeur des *mots*, de la ressource des inflexions, et, surtout, des moyens de ménager ses forces ; c'est dire assez clairement qu'il s'attache plus particulièrement à faire valoir les détails qu'à peindre grandement les caractères; aussi son talent pénètre-t-il plus qu'il n'entraîne, et inspire-t-il plus d'intérêt que d'enthousiasme. D'après cela,

il est facile de juger que le *grand pathétique* lui convient moins que la *sensibilité
douce ;* il ne faudroit pourtant pas en con-
clure qu'il manque de chaleur ; je trouve, au
contraire, que son ame est vive et brûlante ;
mais son défaut absolu de moyens physiques le forçant de réprimer une véhémence
qu'il ne pourroit *soutenir*, il est obligé de
recourir continuellement aux ressources
minutieuses de la *méthode*. Quels que
soient les succès qui couronnent ses efforts,
il ne peut cependant pas suppléer entièrement aux formes énergiques que la nature
ne lui a point données, et, s'il veut être
constamment *placé*, il ne quittera jamais
l'emploi des raisonneurs, auquel, d'ailleurs, il ajoute un intérêt puissant par la
chaleur de son ame et par la perfection de
son intelligence. Je dirai plus : ce talent
de *détails*, de *pointillage* même, auquel
cet acteur a été forcé de se borner, ne
prouve point la *médiocrité* de ses conceptions, comme certaines personnes l'ont

avancé ; je suis certain qu'il voit en grand; mais, sentant l'insuffisance de ses moyens pour donner à son expression toute l'énergie de son ame, il a le bon esprit de se restreindre à une méthode modérée, qui, en ménageant ses forces, lui permet du moins de paroître toujours ingénieux. Quoique cette *économie for- cée* ne produise pas autant d'effet au théâtre que des développemens larges et hardis, il n'en est pas moins vrai que les connoisseurs savent l'apprécier et en ad- mirer l'adroit et louable *charlatanisme* ; on peut même dire que cet acteur rend, avec une vérité au-dessus de tous éloges, la douleur concentrée, l'attendrissement, l'abattement du désespoir, et enfin tous les sentimens profonds qui n'exigent pas d'explosions vigoureuses et éclatantes. Je ne crains pas d'affirmer que, s'il étoit né avec des moyens physiques proportionnés à son intelligence et à la chaleur de sa *verve*, il se seroit élevé au-dessus de tous nos tragédiens anciens et modernes, sans en excepter peut-être le sublime *Lekain.*»

« Maintenant je laisse aux personnes qui veulent absolument de la censure, le soin d'examiner si l'organe de cet acteur est désagréable, si la maigreur de ses traits et la foiblesse de sa complexion sont un défaut irrémédiable dans la tragédie, etc. Quelle que soit la rigueur de nos censeurs à cet égard, je n'entreprendrai pas de leur répondre négativement, parce qu'elle peut être raisonnablement motivée, et que les sophismes les plus ingénieux ne pourroient rien contre des faits ; cependant on peut leur objecter que, plus ils sont fondés à critiquer le *physique* de Monvel, plus cet acteur fait preuve de talent en triomphant d'un obstacle presque insurmontable. »

Je ne conseillerai pas toutefois aux tragédiens vigoureusement constitués, d'imiter la manière un peu mesquine de cet acteur justement célèbre, qui en auroit pris une toute autre, si ses forces le lui avoient permis ; je les exhorte plutôt à méditer ce qu'un critique judicieux disoit il y a quelques années de l'école fondée par Monvel.

Il s'est fait, dans l'art de la représentation théâtrale, une révolution sensible, et c'est à l'école de M. ... que Larive doit une partie des dégoûts dont on l'abreuve. Les *artistes* modernes trouvent Melpomène colossale ; il leur en faut une de grandeur naturelle, c'est-à-dire petite et grêle comme eux. Ils ne la veulent pas majestueuse, altière, enthousiaste ; ils la veulent pâle, dolente et familière ; elle ne *parle* plus, elle *cause* ; et, pour que cette déesse, au régime, ne fasse plus la moindre incartade, ils la font marcher à pas comptés ; qu'en résulte-t-il ? que la tragédie est méconnoissable, qu'elle n'élève plus l'ame, qu'elle ne dit plus rien à l'imagination, et qu'elle se traîne enfin avec pesanteur vers le terme de son existence.

MORAND.

Ci-devant au Théâtre de la Porte Saint-Martin.

Ce danseur, jeune, bien découplé, a la légèreté, la prestesse, la vigueur de Duport, et brille surtout par les entrechats ; mais outre qu'il n'est pas d'une figure très-agréable, on lui reproche d'avoir la tête dans les épaules, et de ne pas se développer avec sssez de grace.

MOREAU.

Académie Impériale de Musique.

La plus vieille basse-taille de l'opéra ; exemple vivant des vicissitudes humaines ; de premier sujet, devenu choriste, il n'a plus que des souvenirs pour jouissances ; aussi M. Moreau a-t-il grand soin de rappeler qu'il *créa* le rôle de Thoas dans Iphigénie en Tauride, qu'il le reçut des mains de Gluck *lui-même*, et enfin, que ce illustre compositeur lui fit maintefois des complimens sur le talent qu'il y déploya.

MOREAU.

Opéra Comique.

Il partage, avec son camarade Lesage, ce qu'on appelle l'emploi des Trials ; et il a su plaire généralement, surtout à l'époque de ses débuts, par son air de jeunesse, sa physionomie enjouée, la facilité de son geste, le naturel de sa diction et l'espèce de hardiesse qui affermit son débit. Il paroît avoir de l'intelligence et préférer le ton simple et franc, à ce comique *travaillé* que beaucoup d'acteurs prennent aujourd'hui pour le bon comique.

Je pense cependant qu'il n'imite pas toujours, avec assez de vérité et de bonne foi la *niaiserie* et la *bétise* ; qu'il a trop l'air d'apprécier ce que ses rôles ont de ridicule, et de se persifler lui-même ; qu'il

II.   17

ne se *grime* pas toujours d'une manière assez plaisante ; qu'à force d'éviter la charge, il inspire peu de gaîté ; et qu'enfin il joue trop souvent avec un air de négligence, dont un public très-exigeant pourroit quelque jour se formaliser.

Nul doute qu'il ne faille à la scène les manières faciles de la société, mais sans s'écarter de ce ton d'aisance, on peut et l'on doit le varier suivant les diverses nuances de chaque rôle ; rien n'autorise, d'ailleurs, à paroître le même partout. Boileau se vantoit d'avoir forcé Racine à faire des vers difficilement ; et, ce n'est pas non plus, sans beaucoup de soins, qu'un acteur parvient à acquérir cette heureuse variété d'expression, qu'il est si aisé de confondre avec la facilité vague et insignifiante d'un talent négligent ou médiocre.

Moreau est toutefois assez bien placé dans les rôles de jeunes valets, où il peut suppléer, par des manières lestes, une diction exacte et libre, et ce que les comédiens appellent un *jeu propre*, à son défaut presque absolu de chaleur et de *vis comica*. Il joue fort agréablement le rôle de *Crispin* dans la Mélomanie et celui d'*André* dans l'Epreuve villageoise.

Sa voix n'a pas beaucoup de timbre, mais il chante avec assez de goût.

MOREAU (Mme)
Opéra-Comique.

Précédemment connue sous le nom de Mlle. Pingenet cadette.

Sa voix manque de corps et d'étendue, mais elle chante avec beaucoup de goût et paroît bonne musicienne.

Sa figure gracieuse et son air modeste conviennent parfaitement aux rôles d'ingénues. Il manque seulement à son jeu, cette légère teinte de comique, que madame Saint-Aubin, dans les mêmes rôles, savoit mêler avec tant d'art aux graces de la naïveté.

MOSSAN (Mme)

Ci-devant Variétés étrangères:

(Rôles de mères nobles , caractères) tenue décente , diction correcte , débit sage et facile. Talent qui ne s'élève guère au-dessus d'une honnète médiocrité , mais qui est assez bien placé partout. Sujet utile.

NOURRIT.

Académie Impériale de Musique.

Nourrit !.. je ne connois pas de sur- nom qui lui convienne mieux que son nom.

« La jeunesse en sa fleur brille sur son visage,

Et nous verrons bientôt , je l'espère ,

« Son menton sur son sein descendre à double étage.

Voix agréable ; espèce de haute-contre ; il n'en dirige pas les sons avec toute la justesse requise , et l'on ne trouve pas qu'il soit aussi parfaitement musicien qu'il faudroit l'être à l'Académie impériale de musique ; mais du moins, quand Nourrit chante un air simple et bien dans ses moyens,

« Il ne le charge pas d'ornemens superflus,

et le timbre charmant de sa voix nous dédommage, pour l'ordinaire, des légères imperfections de sa méthode.

Nourrit est donc un sujet très-précieux pour l'Opéra, mais il pourroit le devenir bien d'avantage, si, en préparant avec plus de soin ses modulations, il s'attachoit aussi à perfectionner son débit dramatique qui, jusqu'à ce jour, est tout-à-fait nul, et nuit beaucoup plus qu'il ne le pense à son expression musicale.

O D R I.

Ci-devant au théâtre de la porte Saint-Martin.

La postérité saura que cet acteur florissoit, en 1807, au théâtre de la porte

Saint - Martin ; mais la postérité seroit
mieux informée que les contemporains de
M. Odri , si elle savoit bien précisément
quels rôles il jouoit à ce théâtre ; s'il étoit
père-noble ou valet , raisonneur , tyran ou
jeune premier ; et à quel degré de supériorité il portoit le talent comique ou
mélo-dramatique (1).   D...

O Z A N E.

Ambigu-Comique.

Talent supérieur, dont la célébrité n'est
point encore arrivée jusqu'à nous. La personne qui s'étoit chargée de prendre pour
nous des notes sur les artistes dramatiques
du Boulevard , demandoit trop de temps
pour nous procurer celle de M. *Ozane*,

---

(1) Nous savons depuis quelques jours que
cet acteur joue les valets du troisième ordre ,
qu'il est maintenant attaché pour cet emploi au
théâtre des Variétés-Montansier.

qui, sans doute, échappe aux informations par une trop grande modestie.

P. S. Nous apprenons , à l'instant , qu'il joue les jeunes premiers , avec tout le talent requis au Boulevard, pour ce genre de rôles. V. N.

PARISET (Julie).

Théâtre de la Gaîté.

Les grandes amoureuses et les soubrettes. Elle a une jolie voix et de l'*usage.*

PASCHAL.

Théâtre de la Gaîté.

Il joue les rôles de pères dindons , et paroît toujours pénétré de l'esprit de ses personnages. V. S.

PATRAT (M.lle)

Comédie Française.

Utilité. Alternativement confidente (dans

la tragédie) et duègne (dans la comédie),
elle a le bonheur de ne point exciter l'envie par des succès trop éclatans.

Cette actrice est fille et sœur d'auteurs
comiques ; son père, ancien acteur de la
province, nous a laissé quelques pièces
agréables, et, entr'autres, l'*Heureuse
Erreur*.

P A U L.

Opéra-Comique.

On avoit long-temps désespéré de ce
jeune homme, dont la froideur glaçoit
tout le monde ; mais son mariage avec la
fille d'un acteur qui a laissé un nom au
théâtre (1), semble lui avoir inspiré le
desir de remplacer dignement feu son beau-
père ; et, quoiqu'il n'y soit pas encore
parvenu, son jeu s'anime sensiblement.

On peut encore lui reprocher son main-

____

(1) Michu.

tien roide, son air pincé, l'uniformité de ses gestes, et l'habitude qu'il a de se tourner vers le public dans les intervalles du dialogue, au lieu de concourir par son jeu muet à l'effet général de la scène.

Sa voix n'a que peu d'étendue, mais il chante avec circonspection, et son goût naturel lui tient lieu de méthode.

Agréable dans les rôles d'amoureux villageois ; il joue avec beaucoup d'ame celui de Félix.

PAULINE.

Théâtre des Variétés.

Jeune et jolie personne ; physionomie piquante, où quelques nuances de malice se mêlent de la manière la plus heureuse à un faux air d'ingénuité ; voix agréable ; talent dont on ne peut encore rien dire, mais qui est susceptible de développement. Digne émule de mademoiselle Cuisot.

PÉLISSIER (Mme)

Théâtre de l'Impératrice.

Elle joue les rôles de duègnes avec un naturel parfait. Le talent de cette actrice ne brille pas d'un vif éclat, mais il est constamment simple sans monotonie et comique sans exagération ; je trouve enfin que le public ne lui rend pas assez justice.

PERRIN.

Théâtre Montansier, Variétés.

Sujet utile. On ne compromet pas son jugement en qualifiant ainsi un *artiste*, dont n'a pas suffisamment observé le talent.

PERRIN (Mme)

Théâtre de l'Impératrice.

Elle double mademoiselle *Delille* dans quelques rôles de jeunes mères et de grandes coquettes.

Ce n'est le tout d'avoir ce ton décent
Et de savoir à l'air de sa figure

Accommoder son schall et sa coiffure ,
Il faut encor... — Qne faut-il? du talent.

Et , c'est par malheur la partie la plus foible de madame Perrin. Sa diction ne manque ni de grace , ni de justesse , il est rare qu'elle fasse des contre-sens ; mais point de chaleur, point de piquant. La douceur de son débit dégénère trop souvent en fadeur, et je dois dire qu'une teinte de médiocrité se répand sur toute sa personne.

PERROUD.

Théâtre de l'Impératrice.

Perroud joue les rôles de valets et de travestissemens , et trouve toujours le moyen d'être applaudi , lors même qu'il ne l'a pas trop mérité.

C'est particulièrement dans les caricatures gascones qu'il excelle ; aucun acteur ne prend aussi parfaitement l'accent méridional , et ne copie avec plus de fidélité les gens de province.

Il est inimitable dans l'auberge de Strasbourg, comme il l'étoit, il y a quelques années, dans le mariage du Capucin.

Mais s'il n'a pas de rivaux en ce genre, sa supériorité n'est pas aussi solidement établie dans le haut comique. Rien ne gâte, dit-on, la main des peintres comme l'habitude de faire des caricatures. Il est bien difficile de fondre l'une dans l'autre, toutes les nuances d'un rôle de bon goût, quand on s'est exercé long-temps et avec complaisance dans le genre de l'exagération grotesque, où ces légères teintes, loin d'être un mérite, paroîtroient plutôt un défaut ; et un acteur se blase sur les finesses de la bonne comédie, en jouant souvent des rôles de farce, comme un gastronome sur la délicatesse des vins de dessert, lorsqu'il accoutume son gosier avide à la force du punch au rack.

Cette habitude de jouer des caricatures a donc fait contracter à Perroud, celle d'un débit brusque, sec et haché ; sa prononciation est âpre ; ses gestes manquent

de variété, de souplesse, de développement, en un mot, de cette espèce de
grace qui convient aux valets de bonne
comédie, et qui n'exclut pas une sorte
de noblesse.

Son esprit a trop l'air de chercher les
effets accidentels du rôle, et il ne paroît
pas assez profondément pénétré du sentiment qui fait agir le personnage ; il a
trop de métier enfin, et pas assez,

. . . . De ce feu créateur
Qui d'un grimeplaisant distingue un grand acteur.

Excellent comédien de *genre*, toutefois ;
très-utile à un théâtre de *variétés*, comme
celui de la rue Louvois ; et fait pour marcher à cet égard, sur la même ligne que
les *Volange*, les *Corse* et les *Juliet*.

Il a une charmante voix, et chante avec
beaucoup de goût.

PETIT (Baptiste).

*Ballets de l'Académie Impériale de
Musique.*

La danse de ce jeune *artiste* a encore

besoin d'être perfectionnée ; mais tel qu'il est , il a de grands succès ; ses pirouettes qui ne finissent pas , et ses immenses ouvertures de jambes , lui attirent presque toujours des applaudissemens. On lui souhaiteroit plus de noblesse et des développemens plus gracieux.

PHILIPPE.

Ci-devant au Théâtre de la Porte Saint-Martin.

Grand acteur de mélodrame. A force d'exagération , il s'étoit élevé à la hauteur de ce genre , et les gens qui ne se piquoient pas d'un discernement très-éclairé ne faisoient aucune différence entre son talent et celui de Talma.

On ne peut nier que ce jeune homme n'ait de la chaleur , de l'enthousiasme et beaucoup de disposition pour le théâtre; mais semblable à ces artistes présomptueux qui veulent être *peintres* de batailles , avant que de connoître les premiers principes du dessin ; il auroit besoin de tout recommencer aujourd'hui sur de nouveaux frais, pour corriger radicalement les vices choquans de sa déclamation.

PICARD (jeune)
Théâtre de l'Impératrice.

Il remplit, ou plutôt il remplissoit les premiers rôles de valet ; une maladie chronique le retient chez lui depuis près d'un an ; cet acteur, que nous espérons revoir, n'a pas un grand fond de gaîté, et débite quelquefois avec un air d'apprêt, qui tient de la manière de province ; mais il a de la finesse, de l'aplomb, du *mordant*, il donne avec beaucoup de fermeté, ce que les comédiens appellent le *coup de fouet*. Sujet précieux pour son théâtre.

PICARD (Mme Cousin-)
Théâtre de la Gaîté.

Il y a long-temps que madame Cousin-Picard joue à ce théâtre les *jeunes premières*, et je crois même qu'auparavant elle remplissoit les mêmes rôles au théâtre des Beaujolais, ce qui nous reporteroit à vingt ans ; mais il n'y a point d'âge pour les talens. Cette actrice est d'ailleurs jolie, et joint aux apparences séduisantes de la jeunesse, tous les avantages de l'expérience.

D... I...

PINGENET (aînée)

Ci-devant à l'Opéra-Comique.

Mademoiselle Pingenet nous tient rigueur, et quoiqu'elle n'ait pas, je l'avoue, un talent du premier ordre, on la regrette dans plus d'un rôle.

Rentres-tu ? ne rentres-tu pas ?
Prononce, éclaircis ce mystère.
Quand la gloire te tend les bras.
Pourquoi ferais-tu la sévère ;
On se demande tour à tour :
« Eh bien ! sait-on quelle nouvelle ?
« L'aurons-nous ? reparoîtra-t-elle ?
« Jouera-t-elle au moins pour la cour ? »
C'est une allarme universelle,
Un deuil qui croît de jour en jour.
L'Europe entière te rappelle ;
Sourde à ses cris, veux-tu cruelle,
Bouder et *l'Europe* et l'amour ;...

(*Dorat, Epître à mademoiselle Clairon*).

Belle figure, physionomie décente, embonpoint voluptueux; voix pure et sonore; bonne méthode de chant, diction correcte, jeu exact .... et beaucoup de talens accessoires.

On lui auroit désiré toutefois une prononciation plus nette et plus de fermeté dans le débit.

Elle jouoit très-bien le rôle de la jeune prude.

PLANTÉ (Mlle)

Théâtre de la Gaîté.

Jeune première. On lui souhaiteroit un maintien plus gracieux; mais il n'y a qu'une voix dans tout le quartier du Temple pour rendre hommage à sa profonde sensibilité.

N....T...

PORTE (de la)

Ambigu-Comique.

Il joue les valets au théâtre de la Cité, où il a *créé* plusieurs rôles avec assez d'intelligence. Maintenant il n'a plus d'emploi fixe, et remplit tous les rôles qu'on lui confie, avec cette sorte de facilité, que donne aux comédiens de toutes les classes une longue habitude du théâtre.

POTIER (M.me)

Ci-devant au Théâtre de la Porte Saint-Martin.

Elle jouoit avec succès les duègnes et les grandes soubrettes. Madame Potier se fit, il y a deux ans, une réputation dans le rôle de la fausse Marquise, où elle développa réellement un talent digne de remarque.

N....

QUÉRIAUX (M.me)

Ci-devant au Théâtre de la Porte Saint-Martin.

Les amateurs de danse, qui se piquent de connoître à fond ce bel art, trouvent beaucoup à reprendre dans la manière dont l'exerce madame *Quériaux*. A les entendre elle n'en possède pas les premiers prineipes; ses pas manquent de précision ; elle s'élève peu, prend sa force dans les épaules, et n'a pas tout l'aplomb désirable.

Mais, ce que personne ne peut se dispenser de louer en elle, c'est le feu, l'énergie et la vérité de sa pantomime. Aucune danseuse, à cet égard, ne peut lui être comparée,

Que ces emportemens sont mêlés de tendresse!
Quel contraste frappant de force et de foiblesse;
Ces gestes, ce regard, me pénètrent d'horreur;
Et son silence même ajoute à ma terreur :
Tel est du grand talent la puissante féerie,
Il rend tout vraisemblable, il donne à tout la vie ;
Il embrâse la scène, et pour dicter des lois
A peine a-t-il besoin du secours de la voix.

Ce n'est donc point comme danseuse que madame Quériaux doit être considérée ; elle est véritablement actrice, et actrice du premier ordre.

RAFILLE.

Ambigu-Comique,

Niais en chef; il met dans ses rôles

beaucoup de naturel et de gaîté ; il tire un grand parti de son organe aigu et glapissant , pour donner aux choses les plus simples de l'effet et du mordant ; ses lazzis et sa pantomime sont toujours d'accord ; c'est un homme qui sait bien son métier ; ceux qui l'ont vu jouer un rôle de valet dans le petit opéra de *Duval* , regrettent qu'il n'ait pas plus souvent l'occasion de s'exercer dans de pareilles pièces.   V.

RAUCOUR (Mlle)

Théâtre Français.

Les brillans débuts de mademoiselle Duchesnois ont un moment éclipsé la gloire de mademoiselle Raucour , qui s'est , même vue forcée d'abandonner de très-beaux rôles , où la débutante , plus jeune , et donée d'une sensibilité plus touchante , venoit en quelque sorte d'apposer son cachet comme sur une propriété conquise ou confisquée.

Le rôle de Phèdre fut de ce nombre ;

tout le talent acquis de mademoiselle Raucour, tout son respect pour les traditions ,
toutes les peines , enfin , qu'elle se donna
pour conserver le droit de faire à Hippolyte
l'aveu d'une flamme adultère, ne tournèrent
qu'à sa confusion en rendant sa défaite
plus éclatante. Elle cessa enfin une guerre
où sa rivale , plus fortement appuyée ,
combattoit avec trop d'avantages ; ou ,
pour mieux dire , elle se tint sur la défen-
sive , attendant , avec raison , du temps
réparateur , ce qu'une résistance opiniâtre
ne lui auroit peut-être jamais procuré, la
satisfaction d'être jugée sans prévention.

Cette résignation, quoique tardive, eut
tout l'effet que mademoiselle Raucour pouvoit en espérer. Mademoiselle Duchesnois
forcée de jouer à son tour des rôles où elle
ne brilloit que médiocrement, rappella elle-
même au public, que mademoiselle Raucour y étoit et pouvoit encore y être supérieure ; celle-ci rentra glorieusement dans
une partie de ses anciens domaines ; la

ligne de démareation s'établit naturellement entre les deux rivales ; Phèdre et tous
les rôles passionnés devinrent le partage
de la REINE SENSIBLE. (Mademoiselle Du-
ehesnois) *Sémiramis*, *Médée*, *Cléopâtre*
et *Jocaste* demeurèrent invariablement à
la SUPERBE REINE (mademoiselle *Raucour*) ; et cet arrangement à l'amiable
reçut de l'opinion publique la sanction la
plus positive.

Et mademoiselle Gorges ? diront quelques lecteurs, comment n'est-il pas question d'elle dans l'histoire de ces grands
événemens ? Mademoiselle Georges étoit
élève de mademoise.le Raucour, elle en
est aujonrd'hui l'héritière présomptive.
Leurs intérêts étant alors communs, pouvoient - elles faire deux partis ? (Voyez
au surplus à l'article *Georges* des détails
plus circonstanciés.

Voici maintenant le portrait de mademoiselle Raucour ; je l'avois déjà tracé,
il y a six ans, dans la Lorgnette des Spec-

tacles , mais il ne me seroit pas possible de le reproduire aujourd'hui sans un grand nombre de variantes.

A une taille magnifique , à une belle figure , à la physionomie la plus imposante et de l'effet le plus terrible dans les rôles de haute politique ou de profonde dissimulation , elle joint une intelligence rare , un grand talent de diction , l'art de se développer majestueusement , beaucoup d'aplomb et d'énergie , une connoissance parfaite des effets de scène ; enfin , ce louable charlatanisme , qui ajoute , par un savant calcul , aux dons les plus précieux de la nature ; et qui est surtout indispensable aux meilleurs acteurs dans les tragédies du genre admiratif.

Mais , parmi toutes ces qualités supérieures , il faudroit pouvoir compter la sensibilité , cette chaleur vive , brûlante et expansive , qui doit passer du cœur de Mérope ou de Clytemnestre dans l'ame de tous les spectateurs ; et mademoiselle Rau-

cour , je l'avoue , me paroît souvent en
manquer. Son regard , et le son de sa voix,
qui expriment si admirablement les transports furieux de Médée, qui peignent avec
tant d'énergie l'esprit haîneux et vindicatif
de la *fallacieuse* Cléopâtre, semblent constamment donner un démenti aux sentimens
qu'expriment sa bouche , dans les scènes
d'amour et de maternité ; il y a , si je puis
m'énoncer ainsi , peu de *verité* dans l'ensemble de sa physionomie , où l'apprêt se
fait trop sentir ; aussi est - il quelquefois
permis de lui appliquer ces vers, injustement faits pour mademoiselle Clairon :

Accent , geste , silence ; elle a tout combiné;
Le spectateur admire , et n'est point entraîné.

On pourroit en outre reprocher à mademoiselle Rancour quelques gestes de l'a-
vant-bras , qui ne sont pas dans la nature,
et dont elle s'est fait une habitude trop remarquable. Son organe dur et voilé produit souvent un effet désagréable , surtout
lorsqu'elle s'efforce d'en amollir les inlle-

xions pour réprimer des sentimens tendres
et affectueux ; mais dans les accès de fureur
ou de désespoir, et dans les scènes de solemnité, où il faut qu'elle se fasse entendre de tout un peuple, comme dans la
tragédie de Sémiramis, les *aspérités* de sa
voix se perdent dans les cris de l'emportement ou dans l'éclat de la déclamation, et
ne font qu'ajouter peut-être à la force de
son expression tragique.

Elle excelle aussi dans les *rôles* du genre
profond et *méditatif*, et ne sera, sans
doute, jamais surpassée dans la Cléopâtre
de Rodogune.

RAVEL (aîné)

Les anciens avoient des danseurs de
corde de quatre sortes. Les premiers vol-
tigeoient autour d'une corde, comme une
roue autour d'un essieu, et s'y suspen-
doient par les pieds ou par le cou. Les
seconds y voloient du haut en bas, ap-
puyés sur l'estomac, ayant les bras et les

II.

jambes étendues. Les troisièmes couroient
sur la corde tendue en droite ligne ou du
haut en bas. Les derniers enfin, non-seulement marchoient sur une corde, mais
y faisoient des sauts périlleux.

Il n'est personne qui n'ait été témoin
de tours plus ou moins extraordinaires :
il a paru en France, à différentes époques, des danseurs de corde qui ont exé-
cuté des difficultés du premier ordre dans
chacun des quatre genres que nous ont
transmis les anciens ; mais presque tous,
dénués de grace et d'aplomb, n'inspiroient
aucune confiance. Les spectateurs avoient
toujours à craindre quelque catastrophe
sanglante ; et dans ces sortes de spectacles
la peine passoit le plaisir.

Il appartenoit à Ravel l'aîné de perfectionner et de rendre intéressant cet art
jusqu'à lui peu considéré. On voit qu'à
force d'étude et de travail, il est parvenu
à exécuter sur la corde, avec une grace
parfaite, les pas les plus élégans et qu

méritent tant de bravo sur le théâtre de l'Opéra à Vestris et à Duport.

Quand Ravel danse la gavote, le croiroit-on sur une corde? Sa taille élancée, sa tête d'Antinoüs, son aplomb imperturbable, l'éclat de sa jeunesse, tout concourt à faire illusion : on n'est occupé que de la facilité qu'il a de dérober à l'imagination le danger de ses exercices : il commande l'attention, sans fatiguer l'œil ; et on est aussi charmé de la rapidité de ses pas, que des élégantes attitudes de son corps. C'est ainsi probablement qu'auroit dansé Terpsichore, s'il eût été convenable à cette muse de voltiger sur une corde.

REGNIER (M.me)

Ci-devant au Théâtre de la Porte Saint-Martin.

Elle jouoit les jeunes premières ; son âge le lui permettoit ; mais sa taille et sa physionomie l'appeloient aux rôles de grandes coquettes, de reines et de mères nobles ; elle s'y est essayée un moment, sans succès ; la mollesse de son débit, les larmes continuelles dont elle *trempoit sa voix*, donnoient à son jeu, je ne sais quoi de fade et de triste, qui ne permettoit aucune espérance. Enfin elle vient de s'essayer au théâtre de l'Impératrice, dans l'emploi des grandes soubrettes ; et il paroît que, guidée par *Monvel*, elle suivra avec plus de succès cette nouvelle route.

V....D.

RIBIÉ.

Théâtre de la Gaîté.

Ce comédien, qui a fait long-temps la fortune de Nicolet, dont il étoit le pensionnaire, est devenu depuis son successeur ; et l'on ne trouve pas que le théâtre de la Gaîté ait beaucoup perdu à ce changement.

Ribié excelle dans les rôles de caricatures et de travestissemens ; il est vif, alerte, entreprenant. Peu d'acteurs possèdent au même degré que lui le talent de *baragouiner*, et montrent autant de présence d'esprit dans les circonstances difficiles. Son jeu pourroit être plus fin et de meilleur goût, mais on ne peut lui souhaiter, du moins, ni plus d'aisance, ni plus de verve.

M...

RICHEBOURG.

Opéra-Comique, Faydeau.

Le caractère de sa figure et sa douce voix, dont il tire un assez bon parti, le rendent propre à jouer passablement quelques rôles de jeunes amoureux.

RIVET (Mme)

Théâtre de la Gaîté.

Mon correspondant du Boulevard fait un pompeux éloge de cette actrice, qu'il dit gracieuse, spirituelle, et en état de jouer la bonne comédie ; il la plaint même

d'être trop souvent sacrifiée aux prétentions exagérées des princesses du mélodrame ; mais les renseignemens qu'il me
donne à ce sujet , me font craindre qu'il
ne les ait recueillis un peu trop près de
leur source ; et tout en le félicitant de eet
avantage , je ne transcrirai pas ses notes,

ROBILLON.

*Ci-devant au Théâtre de la Porte
Saint-Martin.*

Danseur , excellent dans les caricatures,
et surtout dans les rôles de niais. Il a laissé
un nom et des regrets sur le Boulevard.

ROLLAND.

*Ci-devant à l'Académie Impériale de
Musique.*

Élève du Conservatoire et particulièrement de Garat. Il a peu de moyens physiques ; mais sa voix (haute-contre) a de la

douceur , du timbre et beaucoup de flexibilité. Il chante d'ailleurs avec goût , et
d'après la meilleure méthode. Acteur médiocre.

ROLANDEAU (Mlle)

Opéra-Comique , Théâtre Faydeau.

La prodigieuse légèreté de sa voix lui
mérite chaque jour de vifs applaudissemens ; peu de cantatrices attaquent aussi
hardiment les difficultés et multiplient avec
autant de prodigalité les *trills* , les roulades et autres agrémens qui séduisent la
multitude.

Son jeu n'est pas un modèle à proposer
aux jeunes actrices ; elle met trop souvent
l'esprit à la place du naturel , et n'évite
pas assez l'afféterie ; je crois d'autant plus
utile de l'en avertir , qu'elle commence à
n'être plus dans l'âge heureux où toutes
les mines sont des graces. Du reste , elle
a de l'intelligence , de l'usage , de la physionomie , une taille élégante , et elle rem-

plit avec un succès mérité divers rôles de soubrettes et de travestissemens.

Les gens qui se disent connoisseurs critiquent assez durement sa manière de chanter ; ils prétendent que mademoiselle Rolandeau n'a point une méthode fixe ; qu'elle dénature les airs, en voulant, sans aucune règle, les surcharger de notes vagues et insignifiantes ; enfin, ils ne craignent pas de dire que ses intonnations ne sont pas toujours parfaitement sûres, et qu'il lui arrive parfois de *broder* à côté du ton, depuis la première jusqu'à la dernière mesure. Mais, ce que personne ne peut s'empêcher de louer en elle, c'est l'extrême facilité de sa voix et le charme qu'elle prête aux airs les plus communs, quand, mieux préparée et plus sûre de ses moyens, il lui arrive de ne point se perdre dans d'imprudentes déviations ; mademoiselle Rolandeau, dirigée par un maître sévère, seroit, selon toute apparence, devenue comparable aux plus célèbres can-

tatrices de l'Italie ; et peut-être , seroit-elle
encore en état de parvenir à ce haut degré
de talent , si elle vouloit rigoureusement
observer les préceptes renfermés dans ces
vers connus :

Prodiguez le point d'orgue et les coups de gosier ,
Le public les exige et va s'extasier ;
Mais dans tous ces détours d'un dédale perfide ,
Que le motif de l'air soit toujours votre guide ;
C'est ainsi qu'un sculpteur à qui l'art est connu
Sous le voile toujours fait soupçonner le nu.

ROSAMBEAU.

Théâtre de l'Impératrice.

Lorsqu'on le vit débuter aux Français
par le rôle ingrat de *Thésée* , il n'y eut
qu'une voix pour lui dire (tout bas) :
Thésée ! vous ! et les journalistes ne manquèrent pas de lui faire entendre le len-
demain que son *grasseyement* n'avoit pas
de grace. N'ayant pas complètement réussi
à chausser le cothurne, il n'y mit pas d'en-
têtement et se décida de bonne grace à

essayer le brodequin ; cette chaussure lui va incomparablement mieux. M. Rosambeau a de la gaîté, de l'intelligence, une bonne figure et du talent pour le comique chargé ; il joue surtout au naturel, les rôles de niais gourmands.

N....

ROSE (Mlle)

Ci-devant au Théâtre de la Porte Saint-Martin.

L'une des plus jolies personnes qui aient paru sur ce théâtre ; cette très-jeune actrice ne manquoit ni de grace, ni d'intelligence ; elle fait honneur à l'école des jeunes artistes de la rue Thionville, dont elle avoit été quelque temps l'ornement. On assure qu'elle reçoit en ce moment des leçons au Conservatoire, et que ses professeurs la jugent digne de paroître bientôt sur la scène française.

ROUSSEL.

Théâtre de l'Impératrice.

Utilité joufflue ; à l'embonpoint qu'il
avoit acquis dans ses rôles d'amoureux,
on juge facilement qu'il ne les jouoit pas
trop d'après lui-même. L'administration
en a fait un niais, et il peut maintenant
s'engraisser du double, sans que personne
y trouve à redire. Un gros ventre dans les
rôles de niais ne pèche pas contre le costume.

SABATHIER.

Théâtre Français.

Ses débuts aux Français n'ont pas été
également heureux. Il joue avec assez d'aisance et de naturel les rôles de crispins et
de valets rusés ; et l'on reconnoît à sa manière, qu'il est élève de Larochelle ; mais
s'il imite adroitement quelques gestes,
quelques inflexions de voix de feu son

maître , il est loin d'en avoir la gaîté. Son organe manque de timbre , et jusque dans les scènes où il développe le plus de talent, on lui souhaiteroit plus de chaleur et de force comique.

Cet acteur, néanmoins , auroit d'autant plus de reproches à se faire , s'il ne se distinguoit pas un jour dans son emploi qu'il joint à l'usage de la scène beaucoup d'autres avantages précieux. Il est leste, d'une figure agréable , et remplit, à l'égard des qualités physiques , la plupart des conditions exigées par l'auteur du poëme de la déclamation.

> On voit étinceler dans son regard mutin
> Et l'amour de l'intrigue et la soif du butin ;
> La trahison , l'adresse , et cette effronterie,
> Dont l'intrépidité sied à la fourberie.

SAINT - AMAND.

Académie Impériale de Musique.

Ce danseur n'a pas seulement le talent d'un faiseur d'entrechats et de pirouettes, il y joint celui d'un pantomime intelligent. Il est dommage que sa taille un peu trop courte ne soit guère susceptible de développemens nobles et gracieux; peut-être que sans ce défaut, dont on ne peut lui faire un reproche ; il se seroit placé au premier rang, entre Vestris, Duport (1) et Deshayes.

SAINT-AUBIN (M.me)

Opéra-Comique.

Au moment où cette actrice parle de retraite et attend le prix de vingt années de services, les étrangers sont tentés de croire qu'elle est encore dans son printemps ; la carrière qu'elle a fournie fera époque dans l'histoire ; personne n'a joué

---

(1) Duport n'est pas plus grand que Saint-Amand ; mais il a les formes de la cuisse et de la jambe plus développées , ce qui ajoute à sa souplesse , et le fait paroître beaucoup plus leste.

II.

20

aussi parfaitement que madame Saint-Aubin les rôles de filles ingénues ; elle ne sort presque jamais du ton le plus vrai de la nature , et elle saisit toujours avec sagacité les plus fines intentions des auteurs. Son comique est fin , spirituel , soutenu, également éloigné de l'*afféterie* et de la trivialité ; sa diction et son débit sont si faciles qu'on les croiroit absolument dépourvus d'art ; on peut enfin la placer au nombre des actrices du premier ordre.

Comme cantatrice , elle n'est pas , sans doute , aussi parfaite ; mais , si sa voix est un peu foible , elle sait du moins en tirer parti. Elle est assez bonne musicienne ; elle ménage adroitement ses moyens , enfin elle suplée à son défaut de force par un goût assez sûr ; et nos plus habiles virtuoses ne chantent pas mieux la romance.

Les gens qui exigent d'une actrice une supériorité égale dans tous les genres , accusent madame Saint-Aubin de ne savoir parfaitement jouer que les *fausses Agnès*

de village, la naïveté malicieuse ; et prétendent qu'elle échoueroit non-seulement
dans les rôles nobles et pathétiques, mais
encore dans ceux de grandes coquettes et
des soubrettes habillées. Nous serons de
leur avis sur ce point, mais en nous gar-
dant bien d'en faire, comme eux, l'objet
d'un reproche; cette femme si intéressante
a l'avantage aussi rare que précieux de
savoir s'apprécier, et de ne point entreprendre les rôles qui lui paroissent étrangers à son genre, peu analogues à sa physionomie, ou trop pénibles pour ses moyens.
Jugeons-là donc d'après ce que nous en
voyons, et n'inventons pas de vagues sup-
positions pour avoir le triste plaisir de critiquer un grand talent.

A l'époque où madame Saint-Aubin débuta, l'Opéra-Comique étoit surchargé de
sujets, et comptoit jusqu'à quinze amoureuses. Chacune d'elle avoit à ses ordres
des amis intimes, des partisans, qui, dans
ces sortes d'occasions, ne manquoient pas

de se liguer contre la débutante. Une jeune actrice douée de tous les charmes de l'esprit, de toutes les graces de la personne, devoit être un sujet d'alarme générale. Il falloit à M.me Saint-Aubin toute la supériorité de son talent pour triompher de tant d'obstacles; elle s'essaya d'abord dans les rôles de Marine, de *la Colonie*, et de Denise, dans l'*Épreuve villageoise*. Son succès fut complet, et le public se déclara hautement son protecteur. Les règlemens permettoient alors de débuter dans neuf rôles; elle les parcourut avec une égale supériorité, et le maréchal de Richelieu lui permit même d'en essayer neuf autres; elle n'en put jouer que huit, parce que Clairval tomba alors malade, et que personne n'eût ôsé toucher un rôle que s'étoit réservé le monarque de l'Opéra Comique.

Ceux qui se plaignent de la décadence des temps et de l'orgueil de nos acteurs, de leurs intrigues, de leurs jalousies, ne savent pas sans doute tout ce qu'avoit à souffrir, il y a vingt ans, un sujet qui se hasardoit dans la carrière dramatique. Après ses débuts, Mme Saint-Aubin eut un ordre d'essai, et fut admise comme pensionnaire. Ce fut alors qu'elle devint en butte à toute les tracasseries que l'imagition féconde des femmes peut inventer. Toutes les amoureuses se lignèrent contre elle, et ne négligèrent rien pour la dégoûter d'un théâtre dont elle devoit faire un jour les délices.

Mais il arriva alors ce qui arrive presque toujours ; plus Mme Saint-Aubin éprouva de contrariétés de la part de ses camarades, plus le public se passionna pour elle. Les auteurs s'empressèrent de lui donner des rôles dans leurs ouvrages. Elle joua celui d'Euphrosine avec un rare talent. Dès-lors sa réputation ne fit que s'accroître, malgré tous les obstacles. On la vit jouer successivement dans *les Petits-Savoyards*, dans *Paul et Virginie*, *Roméo*, *Adèle et Dorsan*, *le Prisonnier*, *Adolphe et*

Clara, *l'Opéra - Comique*, et une foule
d'autres pièces où elle déploya cette variété de talent, cette finesse d'esprit, cette
grace enchanteresse qui l'ont placée au
rang de nos plus charmantes actrices (1).

SAINT-AUBIN.

Opéra-Comique.

Quoique Saint-Aubin soit bon musicien, sa voix claire, chevrotante, et son
accent nasillard l'ont toujours empêché de
chanter avec succès le genre noble et gracieux. Mais cette mauvaise qualité d'organe est d'un effet comique et original
lorsqu'il chante des airs bouffons ; il est
très-plaisant par cette raison dans le rôle
de *Marsyas* (du jugement de Midas), et
dans celui du chef des eunuques (d'Aline
ou la reine de Golconde) ; Saint-Aubin,

____

(1) J'ai cru pouvoir emprunter à M. Salgues,
ce fragment d'un bon article, publié dans le *Cou-*
rier des Spectacles.

est au surplus un excellent Cassandre, et
réussit d'autant mieux à *se grimer*, que sa
tête prête merveilleusement à toutes sortes
de caricatures.

Acteur utile ; bon père, bon mari.

SAINT-CLAIR.

Ambigu-Comique.

Il seroit à désirer que les moyens physiques de cet acteur répondissent à la justesse et à la chaleur de sa diction.

N...

SAINT-JULES.

Théâtre de la Gaîté.

Organe étendu, flexible, qu'il accom-
mode avec plus ou moins de succès à ses
rôles. Peu de maintien ; de la chaleur et
de l'intelligence. Cet acteur a quitté le
Théâtre de la Gaîté où son genre de talent
n'étoit pas toujours bien placé.

N...

SAINT-LÉGÉ.

Vaudeville.

Digne émule du gros *Duchaume*, dont il a quelque temps occupé la place. Il a une assez forte basse-taille qui convient parfaitement aux rôles de *Gastronomes* et de buveurs ; sa figure joufflue et son gros ventre mériteroient d'ailleurs de figurer dans un tableau de noces flamandes, peint par *Jordeans* ou par *Théniers*.

SAINT-PHAL.

Théâtre Français.

Cet acteur a joué long-temps la tragédie, et l'a jouée avec beaucoup de succès ; les jeunes gens qui jugeroient de lui dans ce genre, par la manière dont il représentoit, en dernier lieu, *Britannicus* et *Hippolyte*, n'auroient qu'une bien fausse idée du talent qu'il y développoit il y a vingt ans. Son âge refroidissant un peu son enthousiasme ; et sa complexion devenue plus forte , lui faisant perdre de sa légèreté , il crut pouvoir se créer une méthode particulière pour remplacer artificiellement ces avantages naturels , et cette méthode , d'abord très-bien entendue , finit par dégénérer en une sorte de routine , que les connoisseurs tournèrent en ridicule.

Voici au surplus le jugement , que je crus devoir porter de lui , il y a six ans , c'est-à-dire dans le temps qu'il jouoit encore les rôles de *jeunes premiers* tragiques.

« Cet acteur , quoique fort aimé du public , ne jouit pas de toute la réputation qu'il mérite. Il en est peu qui aient autant d'intelligence et qui se soient fait une méthode plus sûre. Son organe , naturellement voilé et peu agréable , sembloit être pour son talent un obstacle insurmontable, mais il l'a travaillé avec tant de persévérance , il apporte tant de soins dans l'étude de la déclamation , il s'est tellement habitué à ménager ses forces physiques , qu'il semble avoir fait de cet obstacle même un moyen certain de réussir.

Les personnes qui le voient souvent dans la tragédie , trouvent bien que sa manière a de l'uniformité et qu'il a quelquefois recours à un charlatanisme trop marqué ; mais cette critique , quoique juste , ne peut diminuer notre estime pour lui. Comment voudroit-on , en effet , qu'il se soutint en scène à côté du terrible *Saint-Prix*, s'il n'appelloit pas au secours de sa propre foiblesse , tout ce que l'art a de plus recherché , et s'il se permettoit des éclats aux premières phrases d'une longue tirade ? Il faut donc qu'il s'abstienne de déclamer les passages les plus insignifians , pour mieux faire ressortir les beaux vers , les pensées saillantes , et pour n'être pas trop foible au moment où il est le plus important d'être énergique. Cette manière lui fait sacrifier sans doute quelques nuances légères ; mais , si elle est un défaut réel , ceux qu'elle lui évite paroîtroient bien plus grands encore. Non-seulement elle empê-che cet acteur d'être écrasé par ses inter-locuteurs, mais encore elle l'élève souvent au-dessus des tragédiens les mieux servis par la nature. »

La méthode de Saint-Phal, dans les derniers temps, n'étoit pas des plus com-pliquées ; il se bornoit à *déclamer* rapi-dement et avec éclat quelques vers de suite, en haussant progressivement la voix, jusqu'à ce qu'il fût impossible de monter plus haut ; puis, il marquoit for-tement ce *nec plus ultra*, par une espèce de hocquet, et descendant tout-à-coup au ton le plus bas de son octave, il parloit alors de la manière la plus simple et la plus familière ; ce moyen pouvoit d'autant moins manquer de lui réussir, que la multitude se laisse toujours séduire par ces contras-tes bisarres et imprévus ; et que la voix de cet acteur, dure et enrouée dans la haute déclamation, devenoit extrêmement flatteuse dans le ton du *parler* familier ; ce qui surprenoit agréablement l'auditoire et *enlevoit* les applaudissemens.

Mais dans le temps où il n'avoit pas encore songé à cette ressource, ses suceès n'étoient pas moins assurés et ils étoient plus dignes de lui. Il s'abandonnoit alors à sa chaleur naturelle, qui étoit souvent très-brillante, et comme il joignoit beaucoup de grace et de noblesse à une vive sensibilité, il produisoit toujours le plus grand effet.

Personne n'a peut-être mieux joué que Saint-Phal les rôles du jeune Bramine (de la veuve du Malabar) de *Gaston de Foix*, dans Gaston et Bayard ; d'*Hippolyte* dans la tragédie de Phèdre ; de *Bazajet* dans la pièce de ce nom ; et surtout celui de *Zéangir* dans Roxelane et Mustapha.

Mais, c'est assez parler d'un genre qu'il a totalement abandonné. Saint-Phal ne joue guère maintenant que la comédie, et quoiqu'il ne nous y rende pas tout-à-fait

Molé, on peut du moins dire qu'il est le seul acteur en état de paroître après ce grand comédien dans les rôles de caractère. Avec moins de finesse, moins de graces et moins de légèreté que Fleury, il représente mieux les personnages dont le ton exige de la fermeté, et dont les manières doivent être simples et naturelles; il a plus de bonne foi dans la physionomie, plus de vérité dans son jeu, et il ne subtitue pas du moins son esprit à celui de son personnage; *Saint-Phal* paroîtroit un peu lourd dans les rôles brillans de marquis et d'hommes à bonne fortune; le ton goguenard et malin, la fatuité et l'impudence ne vont nullement à sa figure; mais toute sa personne fait illusion lorsqu'il nous représente la sombre humeur d'Alceste, celle du Bourru bienfaisant, la Mélancolie du vieux Célibataire; la gaîté douce et affectueuse de l'Optimiste; la mine rêveuse du Distrait et l'enthousiasme poëtique du Métromane. Il ne joue pas le

M.

mot avec recherche , et n'affecte pas de mettre dans les détails plus de finesse qu'il n'y en a ; mais , il se rend exactement compte du caractère qu'il doit avoir , il en dessine bien l'ensemble , il en conserve fidèlement la couleur ; en un mot il procède à l'étude de ses rôles , comme on fait dans tous les arts d'imitation pour mériter l'estime des connoisseurs , c'est-à-dire d'une manière large et naturelle , cherchant avant tout la ressemblance dans les grands traits de la physionomie , et négligeant quelquefois , pour mieux les marquer , tout ce qui dans l'effet général du tableau ne doit point frapper nos regards.

Saint-Phal a aussi très-bien joué le rôle du bonhomme Laroche dans la comédie de Médiocre et Rampant , et celui du malheureux *Menau,* dans Misantropie et Repentir.

SAINT-PRIX.

Théâtre Français.

Vous surtout qui voulez dans vos fureurs tragiques
Ressusciter pour nous ces Demi-Dieux antiques,

Tous ces illustres fous, ces héros fabuleux,
Soyez à nos regards gigantesques comme eux.
C'est peu de m'étaler une jeunesse aimable,
Je hais un *Spartacus* s'il n'est pas formidable;
Quand, au jeune insensé qui vient braver ses lois,
Agamemnon commande et parle en roi des rois
Je veux que déployant une haute stature,
Il enrichisse l'art des dons de la nature;
S'il n'en impose point à l'œil du spectateur,
Si je ne confonds point le monarque et l'acteur,
D'un tableau sans effet bientôt je me détache;
Je ne vois qu'un bourgeois, caché sous un panache;
Des sons frêles et doux seroient choquans et faux
Dans la bouche d'un roi qui parle à des héros.
Et Jupiter lui-même, armé de son tonnerre,
Se verroit dans sa gloire, insulté du parterre,
S'il venoit s'annonçant par un timbre argentin,
Prononcer en fausset les arrêts du Destin.

Plus ces vers connus font la critique de nos jeunes acteurs, qui arrivent des bords de la Garonne pour nous *chanter*, en haute-contre, les tragédies de Corneille et de Crébillon, plus ils relèvent les avantages physiques de Saint-Prix; plus ils nous font envisager avec effroi le vide immense que causeroit, au théâtre, la retraite de ce bel acteur, dont personne ne peut aujourd'hui occuper dignement la place , et qui laisseroit peut-être un nom célèbre , s'il joignoit à la beauté de ses formes tragiques , un talent plus flexible et plus chaud.

Saint-Prix a , je le repète , tout ce qu'il faut pour être supérieur dans la tragédie ; organe terrible , belle stature , figure mâle , de beaux gestes , des développemens nobles et imposans ; et , ce qui vaut encore mieux , du zèle , de l'instruction et une grande soumission aux conseils de l'amitié éclairée.

Mais il faudroit lui dire , lui répéter, qu'il ne ménage point assez ses poumons ;

Qu'il manque souvent les effets par une continuité d'éclats , qui dégénère en bruyante monotonie ;

Que , lorsqu'il veut modérer son organe , il marque des transitions trop brusques , passant trop subitement , et quelquefois même sans motif , au ton le plus bas de sa voix ;

Qu'il néglige un peu trop l'art d'employer les nuances et les semi-tons ;

Que, c'est par la variété, le naturel des inflexions, qu'un acteur parle réellement à l'ame ;

Qu'il faut réserver l'entier développement d'un organe sonore pour les crises d'une passion poussée à l'excès ;

Que la dignité, le dédain, la menace même ne doivent pas s'exprimer avec la même force que le désespoir, la fureur et la rage ;

Que le vieil Horace, Mithridate et Mahomet ne doivent se placer, ni se dessiner comme des gladiateurs ;

Qu'un corps toujours droit, des épaules bien effacées, des reins cambrés, des genoux en dehors ; et des pieds à la troisième position ne sont pas ce qui constitue au théâtre la beauté véritable du maintien ;

Qu'une attitude modeste a même plus de dignité réelle que celle de l'orgueil et de la forfanterie ;

Et qu'enfin, pour me résumer, tout ce

qui a l'air affecté et hors de nature est vicieux et fatigant.

Saint-Prix auroit dû reconnoître la justesse de ces observations au succès qu'il n'a jamais manqué d'obtenir dans la belle scène d'Agamemnon avec Achille (troisième acte d'Iphigénie en Aulide) ; sans gestes, sans cris, et presque sans mouvement, il trouve dans le médium de sa belle voix une assez riche variété d'inflexions, et dans la simplicité de son maintien, un air de force et de majesté assez imposant pour faire paroître vains et presque ridicules les cris, les gestes rapides, les trépignemens, en un mot tous les efforts outrés du fils de Thétis. Il n'avoit pas le même avantage lorsqu'il jouoit cette scène avec *Larive*, qui, de son côté, doué d'un superbe organe et d'une véritable énergie, appuyoit assez fortement ses menaces pour se dispenser de se battre les flancs ; l'effet de la situation n'en étoit alors que plus beau, puisqu'au moins le fougueux Achille et le puissant Agamemnon paroissoient dignes l'un de l'autre, et doubloient ainsi l'in-térêt.

Quelquefois, dans les autres rôles, Saint-Prix, se livre trop à son goût pour la déclamation ; notamment dans *la mort de César*, où il joue le rôle de César tout en dehors, et développe à quelques séna-teurs ses projets politiques avec la même solemnité de ton que s'il prononçoit un discours d'apparat au Champ de Mars ; il y a trop de *choses* et de belles choses dans cet exposé de la situation de Rome, pour les dire comme de grands mots vides de sens, et ce n'étoit sûrement pas ainsi que César présidoit son conseil - d'état.

Dans quelques autres pièces, Saint-Prix passant d'un extrême à l'autre, *raisonne* avec tant de lenteur, et d'un ton si bas, si monotone, qu'on le croit prêt à s'en-dormir.

Mais, quand il est dans ses bons jours, ces défauts sont moins sensibles ; les rôles héroïques d'un caractère âpre, violent, farouche, et presque sauvages sont ceux qu'il joue avec le plus de succès ; on se rappelle avec quelle énergie il rendoit la cruelle jalousie de Caïn, dans la mort d'Abel ; il a de beaux momens dans Mithridate, dans Poliphonte et dans le vieil Horace ; il fait valoir, avec le plus grand talent, l'austérité du grand-maître dans la tragédie des Templiers ; et, il est lui-même d'une énergie au-dessus de tous éloges dans le rôle terrible d'*Æacide* de la tragédie de Pyrrhus.

En un mot, comme cet acteur a dans son talent plus de force que de souplesse, et plus de noblesse que de sensibilité, il lui faut des rôles tracés à grands traits, et même des rôles plus grands que nature ; car, s'il n'aime que médiocrement Monime, il exècre bien les Romains, et s'il a de la peine à pleurer son Iphigénie, il porte bien dans ses sourcils altiers

L'orgueil de voir vingt rois le servir et le craindre.

Avec un peu plus de chaleur, et peut-être avec une intelligence plus profonde, il auroit été, selon moi, l'un des premiers tragédiens du siècle.

SALLUCI. (Mlle)

Académie impériale de Musique.

Jeune danseuse. Elève de Gardel.

La gaîté folâtre d'une bergère, voilà tout ce qu'il lui appartient d'exprimer, vû sa taille de trois pieds et demie au plus, et l'ensemble tout particulier de sa jolie petite figure.

Mais si elle ne possède pas les avantages que donnent une belle taille, si la danse noble lui est à-peu-près interdite, chaque genre a ses agrémens, et Mlle *Salluci* possède dans le sien tout ce qu'il faut pour y réussir, c'est-à-dire, prestesse, légèreté, chaleur et précision, et surtout ce je ne sais quoi qui distingue les nymphes italiennes et leur soumet tant de cœurs français.

SALLUCI.

Opéra-Buffa.

Cette actrice-cantatrice a une physionomie fine et gracieuse. Son jeu ne manque ni d'aisance ni de légèreté ; sa voix même est assez brillante ; mais comme sa méthode de chant n'est pas très-sûre, il lui arrive par fois de détonner et de tomber ainsi dans le défaut que les oreilles françaises pardonnent le moins.

SAULNIER. (Victoire)

Académie impériale de Musique.

Elle n'est pas la Vénus en chef des ballets mythologiques de l'Opéra ; mais lorsqu'elle double Vénus-Clotilde, les Amours ne s'empressent pas moins autour d'elle et ne lui soumettent pas moins de cœurs.

Mlle Saulnier n'a pas la beauté mâle de cette superbe prêtresse ; et il s'en faut qu'elle mette dans sa danse la même force d'expression ; mais sa figure est mieux dessinée, ses formes sont plus arrondies ; ses regards, ses gestes, son maintien ont enfin quelque chose de plus voluptueux. L'altière Clotilde semble faite pour imposer despotiquement des lois à l'Amour ; à voir l'air doux et languissant de la belle Saulnier, on diroit qu'elle s'abandonne avec jouissance à tous les caprices de ce petit Dieu.

Quel bonheur de la voir quand sa taille légère
Emprunte du sérail les magiques atours!
Ou qu'à nos sens ravi sa tunique étrangère,
D'un sein voluptueux dessine les contours!
L'Amour même a poli sa main enchanteresse;
Ses bras semblent formés pour enlacer les Dieux:
 Soit qu'elle ferme ou qu'elle ouvre les yeux,
 Il faut mourir de langueur ou d'yvresse ; (1)

On désireroit toute fois qu'il y eût un peu

---

(1) Chevalier de Bertin ; Élégie 8e.

moins de négligence dans sa tenue théâtrale ,

> Mais ne vas pas non plus jusques à la mollesse
> _orter la négligence et la simplicité ,
> Pour fixer le désir il faut que la tendresse
> Combatte dans nos cœurs un re te de fierté ;
> Qui succombe sans dignité,
> puira sans délicatesse ;
> Et l'on doit relever par un peu de noblesse
> Les langueurs de la volupté. (1)

SAULNIER. (aînée)

Académie impériale de Musique.

Elle danse avec beaucoup de correction; et elle obtiendroit sans doute de plus brillans succès, si l'on parvenoit à perfectionner en sa faveur les illusions de la perspective théâtrale.

SEVESTA. (M.me)

Opéra-Buffa.

Cette cantatrice qui se nommoit na-

---

(1) Il n'est pas besoin de dire que ces autres vers ne sont pas du chevalier de Bertin; *mea culpa, mea maxima culpa.*

guères Mme *Seveste*, et n'étoit pas toujours bien accueillie, s'appelle aujourd'hui *Sevesta*, et se faitentendre avec plus d'indulgence ; si au lieu d'avoir nom *Martin*, comme beaucoup de bourgeois de Paris, l'Orphée du théâtre Feydeau s'étoit fait appeler *Martini*, comme de célèbres compositeurs, beaucoup de gens qui lui refusent leur suffrage se prosterneroient à ses pieds. Mme *Sevesta* ne séduit pas les amateurs par les charmes de sa figure ; mais elle chante avec pureté, et paroît bonne musicienne. Sujet du second ordre, mais utile.

SEVESTE.

Vaudeville.

Ce jeune acteur n'a point assez de grace dans la physionomie pour jouer avec succès les rôles d'amoureux, auxquels il se croit appelé ; mais il se *grime* quelquefois avec intelligence et *baragouine* très-plaisamment. Son chant est un peu maniéré ;

II.   22

cela n'empêche pas qu'au Vaudeville il ne passe pour un virtuose.

SOLIÉ.

Opéra-Comique.

Solié est un excellent musicien et chante avec beaucoup de goût ; il est dommage que sa qualité de voix ne réponde pas toujours à l'élégance de sa méthode.

Comme acteur il mérite l'estime que le public a pour lui ; il a de l'aplomb, de l'aisance ; il se pénètre bien des intentions de chaque rôle et les exprime avec beaucoup de talent ; je lui reprocherai pourtant de *chanter* le dialogue comme une sorte de récitatif, de prendre sa voix dans la tête et de n'avoir pas toujours assez de noblesse.

Son rôle favori est celui du médecin dans *Stratonice*. Peu d'acteurs sauroient le jouer avec autant d'intelligence et lui donner autant d'expression.

Solié a, en outre, le talent de se gri-

mer d'une manière très - comique. Il es.
difficile de trouver une caricature plus
plaisante que n'est la sienne dans l'Opéra
des Deux Avares.

C'est, en dernier résultat, un acteur
d'autant plus précieux pour l'opéra-comique, qu'il seroit très - difficile de l'y
remplacer, surtout depuis la retraite de
Rézicour.

Comme compositeur, il a aussi des
droits aux applaudissemens du public; la
musique du *Secret*, du *Chapitre second*
et *du Jokey* peuvent être comptées au
nombre de nos ouvrages les plus frais et
les plus gracieux. Ce sont de véritables
opéras-comiques.

SPITALIER.

Ci-devant théâtre de la Porte-Saint-Martin.

Danseur infatigable, qui a beaucoup de
force, d'ardeur et d'agilité.

STOCKLEIT.

Ambigu-Comique.

Maintien noble, taille avantageuse; se dessinant bien ; digne élève d'*Arnoult* dans la pantomime, où il excelle.

SUSANNE.

Théâtre de l'Impératrice.

Deuxième ou troisième soubrette. Figure spirituelle ; de la jeunesse, de l'aisance , du babil et une assez bonne diction. Mais à côté de Mlle *Molière ,* il lui a été difficile d'attirer les regards ; et l'on peut même douter maintenant si elle est encore au théâtre.

TALMA.

Théâtre Français.

Talma débuta en 1787 par le rôle de *Séide ,* où il obtint beaucoup de succès;

il joua ensuite avec un talent non moins
distingué *Nérestan*, *Egyste* (de Mérope);
le jeune bramine de la veuve du Malabar, etc. ; et la plupart des rôles de haute
comédie que remplissent aujourd'hui Da-
mas, Armand et Michelot; car il n'avoit
alors qu'une complexion de *jeune premier*,
et plus il convenoit à son emploi, plus il
eût été difficile de deviner en lui le digne
successeur de Le Kain; les femmes disoient
de lui : *C'est un joli acteur ;* et en effet
aux graces de la figure, à l'élégance du
maintien et de la diction, il joignoit le
timbre de voix le plus flatteur; mais rien
encore dans son jeu n'annonçoit la science
profonde, les conceptions fortes et hardies
du grand artiste ; enfin il y avoit presque
autant de différence entre la première manière de *Talma* et celle qu'il se créa depuis dans la force de son talent, qu'entre
les premiers tableaux du Poussin et les
chef-d'œuvres de ce grand peintre. Ce
n'est pas au surplus l'unique rapport que

le talent de Talma me semble avoir avec le génie du Poussin ; et quelque bizarre que paroisse ce rapprochement, il se pourroit que j'y revinsse, pour tâcher au moins de le justifier.

Le mérite de Talma, dans l'origine, n'étoit donc que celui d'un petit amoureux, bien tendre, bien passionné ; toute son ambition devoit se borner à doubler sans trop de désavantage ses aînés au théâtre, *Saint-Phal* et *Dunant*, et à balancer les *jolis* succès du jeune et doucereux Dupont, dont on lui faisoit un rival ; l'encourageante perspective ! et la belle place qu'il occuperoit maintenant au théâtre Français s'il lui avoit fallu attendre pour y jouer en chef les *seconds rôles*, l'abdication volontaire de l'un, et la retraite forcée de l'autre ! Au bout de vingt ans de service il commenceroit à percer dans le rôle de Britannicus ou d'Hippolyte, tout-à-fait analogue vraiment à son âge et au caractère actuel de sa figure. C'est sans doute une belle et bonne

chose que les règlemens ; mais donnez-
moi le plus grand acteur qui puisse jamais
monter sur la scène, et laissez-moi lui
appliquer dans toutes leur rigueur les dispositions du plus beau code de coulisses,
je réponds de tuer si bien son talent dans
le germe, qu'il ne lui en restera pas ves-
tige.

C'est ce qu'on voulut faire au jeune
Talma, dont les progrès rapides et brillans alarmoient la médiocrité : profitant
de leur droit écrit, les acteurs de la Comédie Française ne rougirent pas de le re-
léguer dans les cinquième et sixième rôles,
et je l'ai vu plus d'une fois jouer *Catane* (1)
ou *Proculus* (2).

Mais une circonstance particulière lui
procura une douce satisfaction. Talma,
qui étoit né avec l'amour des arts et le

---

(1) Dans la tragédie de Tancrède. Ce rôle est
maintenant joué par Michelot.

(2) Dans celle de Brutus. --- Idem.

goût des médailles antiques, ne pouvant plus se distinguer par son jeu dans des rôles trop insignifians, résolut d'y mériter du moins l'approbation des gens de goût par la sévérité de ses costumes; il renonça donc hardiment à toutes les *fripperies* de magasin, et fit faire d'après les dessins les plus exactement historiques, tous ses habits grecs et romains. Jusqu'alors un consul de Rome n'étoit pas autrement vêtu qu'un héros du siége de Troye; la cuirasse et le jupon de satin étoient leur costume commun; Talma reserva la cuirasse pour les rôles de guerriers, en varia la forme suivant les époques, les rangs et les lieux, et osa le premier revêtir la toge dans les rôles de magistrats romains.

Un jour que l'on donnoit Brutus, et que Talma devoit jouer Proculus, il voulut faire l'essai de cette innovation; tous ceux de ses camarades qui le virent dans la coulisse, enveloppé de sa grande robe blanche, qui dessinoit sur le bras gauche

le beau pli appelé *sinus*, se prirent à lui
rire au nez, et l'accablèrent de sarcasmes.
Brutus - Vanhove lui demanda d'un ton
gravement ironique, dans quelle poche il
comptoit mettre son mouchoir; un autre
vouloit connoître l'adresse du tailleur qui
lui avoit si bien pris la mesure; un jeune
premier, enfin, le Titus de la tragédie,
feignit de croire qu'ayant la fièvre il se
couvroit des draps de son lit. Tant de gen-
tillesses répétées découragèrent un moment
notre malheureux Proculus; il se crut tellement ridicule, que la frayeur s'empara
de lui; et il alloit remonter à sa loge
pour y revêtir tant bien que mal la cuirasse du magasin, lorsque sa *replique*
lui frappant l'oreille l'obligea d'entrer en
scène. Il s'avança, mais en tremblant; ses
genoux fléchissoient sous lui, et il avoit à
peine la force de développer sa large dra-
perie, lorsque les spectateurs agréablement surpris de cette fidélité de costume
lui témoignèrent leur satisfaction par

(262)

quatre ou cinq reprises d'applaudissemens; son courage lui revint bientôt; et quoiqu'il ne fût chargé que du dernier rôle de la pièce, tous les honneurs de la représentation furent pour lui.

On juge facilement de l'effet que produisit cette scène (dont on m'a garanti l'authenticité), sur l'esprit de nos plaisans de coulisses ; ils ne furent plus tentés de railler le *novateur* sur son respect pour les antiques ; aucun d'eux n'osa plus, même, se risquer à Rome dans un rôle de consul ou de sénateur, sans cette même robe de serge blanche, dont ils s'étoient si agréablement moqués ; et d'après cet ancien axiome : *Cedant arma togæ*, la toge remplaça l'armure.

Une autre fois, dit l'auteur d'une histoire du Théâtre Français, Talma, chargé d'un rôle accessoire, et n'ayant que dix vers à réciter, s'avança drapé à l'antique, et vêtu avec la régularité la plus sévère. Une actrice, d'ailleurs fort aimable, et que nous ne nommerons pas par respect pour son talent, ne put retenir un éclat de rire, et s'écria : *Ah qu'il est ridicule ! il a l'air d'une statue antique.* Cette belle dame pouvoit-elle mieux faire l'éloge de celui qu'elle vouloit railler, et la censure des acteurs routiniers dont Talma quittoit les erremens ?

Il y avoit environ trois ans que ce jeune tragédien étoit au Théâtrs Français, faisant d'inutiles efforts pour se concilier l'affection de ses camarades en méritant l'estime publique ; et plus le parterre l'encourageoit plus derrière la coulisse il éprouvoit d'humiliations ; enfin il désespéroit de pouvoir jamais parvenir à l'emploi où l'appeloit son talent, lorsque la tragédie de Charles IX, par M. Chénier, lui fournit l'occasion d'un triomphe qui décida de tout son avenir.

« Si l'on en croit les bruits qui circulèrent dans le temps, la distribution des rôles éprouva beaucoup de difficulté de la

part des comédiens. Saint-Phal , acteur
auquel on accorde de l'esprit et beaucoup
d'intelligence , n'en donna pas une preuve
dans cette occasion (1) ; « il refusa de se
charger du rôle de Charles IX , et préféra
celui du roi de Navarre , qu'il regardoit
comme beaucoup plus saillant ; il n'a pas
senti qu'au théâtre , c'est souvent un caractère que de n'en point avoir, et que
Charles IX , hésitant entre le crime et la
vertu , dévoré d'inquiétudes , bourrelé de
remords , étoit un personnage vraiment
dramatique ; ces réflexions n'échappèrent
pas au jeune Talma , qui doit au refus de
Saint-Phal le pas gigantesque que fit alors
sa réputation. »

Il seroit trop long , et peut-être aussi
trop indiscret, de rappeler ici avec détails
la crise que produisit le grand succès de

---

(1) Histoire du Théâtre Français depuis la
révolution , par MM. Étienne et Martainville ,
tome premier , page 46 et 47.

Talma dans ce rôle de Charles IX, où
l'on avoit pensé qu'il échoueroit, crise
terrible qui amena le démembrement de la
Comédie Française, et l'établissement d'un
théâtre rival, sous le titre de Théâtre de
la rue de Richelieu. Des hommes que ces
scènes scandaleuses avoient rendus ennemis *irréconciliables* (à en juger du moins
par l'aigreur de leurs plaintes publiques et
par leurs sermens de haine éternelle) sont
maintenant redevenus amis, et ne son-
gent plus guères qu'aux avantages de leur
nouvelle association ; il faut craindre de
rallumer entr'eux cette malheureuse torche
de discorde, si prodigieusement inflamma-
ble dans les foyers de comédie; et sans vouloir remettre en question si les intérêts de
Talma, défendus alors avec tant de chaleur
par la majorité du public contre la majorité
des Comédiens Français, étoient aussi
évidemment la cause de la justice que celle
d'un très-grand talent, je me hâte d'arriver avec notre héros au Théâtre de la

République, où viennent de le suivre quatre autres transfuges dignes de lui, Mme *Vestris*, *Dugazon*, *Grandmenil* et Mlle *Desgarcins*.

Henri VIII fut la première tragédie jouée sur ce nouveau théâtre ; malgré la beauté de plusieurs scènes, la pièce auroit été accablée par une effroyable cabale, sans le talent qu'y déployèrent les acteurs, et particulièrement Talma, qui étoit chargé du rôle d'Henri VIII. *On s'étonna,* dit encore l'historien des deux Théâtres, *de trouver un tragédien si jeune, qui naguères étoit réduit à jouer Proculus dans Brutus, capable de combinaisons aussi profondes, de détails aussi savans ; en un mot, d'un jeu aussi consommé que celui qu'il offrit aux spectateurs désintéressés.*

Ce fut aussi à cette époque que le talent de Talma acquit une nouvelle consistance et une *couleur* plus prononcée ; il remplit dès lors, et à son choix, tous les premiers rôles tragiques, et ne conserva des *jeunes premiers* que ceux dont il croyoit pouvoir tirer un bon parti.

La manière dont il joua *le Cid* produisit une vive sensation, et attira long-temps la foule ; M. Palissot crut devoir en faire mention dans une lettre rendue publique. Mais Talma développa un talent plus étonnant encore dans le *Titus* (de la tragédie de Brutus). Ce personnage jeune et amoureux, n'appartenoit déjà plus à son emploi, mais il sut si bien se l'approprier qu'il en fit un de ses plus beaux rôles.

Le Théâtre de la République, en butte à de fortes préventions, et ne possédant pas un riche répertoire, avoit de grands efforts à faire pour se soutenir. Aussi Talma eut-il l'avantage pénible, mais plus précieux qu'on ne le pense, de *créer* un grand nombre de rôles différens. On le vit successsivement jouer :

Dans l'Intrigue Epistolaire, le rôle du jeune Cléry ;

Celui de l'infâme Jean-sans-Terre, dans la tragédie de ce nom ;

Le beau rôle du conseiller Lasalle dans le Calas de M. Chénier ;

Ceux d'Abdelazis ,

De Monval, dans la Mélanie de la Harpe ;

D'Othello ;

De Néron (d'Épicharis) ;

De Pharan , dans Abufar;

Et d'Egyste , dans Agamemnon.

Il s'amusoit même quelquefois à se charger de rôles tout-à-fait opposés au genre sombre et pathétique, dont on l'auroit cru incapable de s'éloigner. Ce qu'il y eut de plus remarquable dans la représentation de l'*Héritière ou les Champs et la Ville*, mauvaise comédie de Fabvre d'Églantine, ce fut de le voir, lui Othello-Talma , jouer un rôle de marquis dameret, avec une aisance de manières et une légèreté comique , qui l'égalèrent presqu'à Fleuri.

Un autre jour, ayant puissamment contribué au succès de Virginie , tragédie de
la Harpe , il fut forcé de paroître avec l'auteur pour partager avec ce poëte distingué
les honorables témoignages de la satisfaction publique.

Mais l'envie et la médiocrité tentèrent encore une fois (et ce ne fut pas la dernière)
de lui faire payer ses succès par de cruelles
tribulations ; une circonstance terrible fa-
vorisa ses ennemis , et ils peuvent se flatter
d'avoir su la mettre à profit avec une
grande habileté.

Tandis que cet acteur jouissoit du sort
le plus brillant au Théâtre de la République , la plupart des Comédiens Français
étoient détenus.

Il avoit alors une femme pleine d'esprit ,
mais amie des principes de la révolution (1),
et il étoit connu lui-même pour avoir eu

-----

(1) Elle est morte.

quelques liaisons avec les députés *Ver-
gniaud*, *Ducos*, *Guadet* et *Gensonné*.

On profita de la réaction du 9 thermidor
pour soulever contre lui l'opinion publique. On osa *insinuer* qu'il étoit le persé-
cuteur de ses anciens camarades, et que
ses sentimens politiques n'étoient pas
exempts de reproches. Ces calomnies ne
tardèrent pas à germer dans des têtes en
fermentation ; une cabale se monta contre
lui ; et il finit par être apostrophé dans la
tragédie d'*Epicharis*. Sa réponse fut
courte, vive et précise : *Citoyens*, s'écria-
t-il en s'avançant vers le public, *tous mes
amis sont morts sur l'échaffaud!* Et tout
le public d'applaudir à ce beau mouvement d'une ame noble et sensible.

Ceux qui ont connu Talma à cette époque savent en effet combien il étoit éloigné
d'avoir les opinions qu'on lui prêtoit. On
peut se procurer encore le numéro de
l'*Ami du Peuple*, où MARAT dénonce la
maison de ce tragédien, comme le rendez-

vous de tous les *aristocrates*, et se plaint
d'en avoir été chassé violemment avec deux
ou trois autres Montagnards qui avoient osé
s'y présenter pour exercer leur surveil-
lance. Il n'y avoit pas alors un homme de
bonne compagnie, échappé à la proscrip-
tion, qui ne fût sûr d'être accueilli chez
Talma, et d'y trouver même un asile secret (1). Quant à l'imputation d'avoir per-
sécuté ses anciens camarades, une lettre
de M.ᴵˡᵉ *Contat*, avec laquelle il avoit été
brouillé, le justifia complètement. « Ce
fut, dit cette actrice, à l'époque même
de notre persécution, que je reçus de
Talma (que je ne voyois plus depuis long-
temps), des marques d'un véritable intérêt; je les jugeai si peu équivoques qu'elles
firent disparoître les légers nuages de nos

––––––––––––

(1) Talma eut le bonheur de recueillir chez
lui et de soustraire aux recherches des jacobins,
un grand nombre d'émigrés de marques, et
d'autres proscrits non moins distingués.

anciennes divisions et nous rapprochè-rent ; je m'empresse de rendre cet hommage à la vérité ».

Mais je me suis laissé entraîner malgré moi dans une trop longue digression ; l'opinion publique ne tarda pas , non-seulement à revenir sur le compte de Talma , mais encore à le venger avec éclat de la méchanceté de ses ennemis ; et les misérables attaques qu'ils renouvelèrent contre lui , quelques années après , ne servirent qu'à lui marquer plus sûrement sa place auprès de Le Kain , en ranimant son énergie.

Jusques là on avoit reproché à Talma de ne savoir jouer que le répertoire *révolutionnaire ;* on affectoit de le trouver terrible , *étonnant* , dans *Othello* , dans *Macbeth* et dans l'*Égyste* d'Agamemnon , pour se réserver le droit de lui interdire avec une apparence d'impartialité , le théâtre des maîtres de la scène , où l'on savoit bien qu'il ne pouvoit plus s'exercer , presque toutes les pièces de Corneille , de Racine et de Voltaire étant alors défendues par le Directoire. Mais le 18 brumaire, qui sauva la France, rendit aussi à la scène française une partie de sa splendeur, et à Talma, en particulier, les moyens de confondre l'envie. Il joua enfin tous ces rôles où son talent devoit s'éclipser, et les succès qu'il n'a cessé d'y obtenir jusqu'à ce jour sont ses plus beaux titres à la gloire.

. Talma est d'une taille un peu au-dessus de la moyenne (1); ses *formes*, qui ont de l'élégance, sont un peu grêles pour les rôles imposans; mais il en déguise la maigreur avec beaucoup d'habileté; le caractère de sa tête est admirable, autant par la régularité des traits que par leur extrême mobilité. Les vieillards qui ont vécu sous le règne de Louis XV, et n'ont étudié la nature que dans les tableaux de l'école française, trouvent que *Talma* se place et marche mal, parce qu'il ne s'efface pas

____

(1) cinq pieds quatre pouces environ.

comme un maître d'armes, et n'a que rarement les pieds en dehors; mais les artistes qui préfèrent la *pose* simple de l'Apollon du Belveder à celle du plus habile danseur de l'Opéra, et les compositions sévères du Poussin à l'élégance incorrecte et maniérée de Boucher ou de Fragonard, ces artistes, dis-je, ont applaudi à l'heureuse hardiesse de *Talma* qui osa le premier marcher sur la scène comme faisoient sans doute dans les palais d'Athènes et de Rome les Miltiades et les Scipions. Le public s'est accoutumé à cette innovation non moins conforme à l'*élégance* naturelle qu'à la sévérité du costume, et l'acteur tragique qui croiroit devoir maintenant s'avancer sur le théâtre, les reins cambrés et les pieds à la cinquième position, ne risqueroit guère moins d'être sifflé que s'il osoit affubler César d'une perruque à la royale ou d'un manteau à l'espagnole.

Les gestes de Talma sont variés avec

beaucoup de grace , et contribuent singulièrement à l'expression de son jeu ,
surtout dans les situations extrêmes; on
lui reproche pourtant et avec raison de
les trop multiplier dans le commencement de ses rôles , ce qui paroît un peu
affecté ; il a contracté aussi quelques habitudes dont il est bon qu'on l'avertisse ;
il porte trop souvent la main à son front
comme pour en écarter ses cheveux ; ce
geste , qu'il arrondit avec beaucoup d'art ,
a de la légèreté et de la grace , quelquefois même une sorte d'expression dramatique ; mais il en est comme du mot *cœur*
dans les tragédies de Racine ; ce terme ,
quoiqu'essentiellement bon , y est trop
fréquemment employé. Les connoisseurs
n'attacheront sans doute que peu d'impor-
tance à une pareille observation ; mais la
multitude est si fière d'apercevoir une tache
dans un beau talent , et elle en répète
avec tant d'affectation la minutieuse critique , qu'il faut bien tâcher de lui enlever

jusqu'à cette misérable occasion d'exercer sa méchanceté.

On reproche aussi a Talma d'agiter et de déployer les bras avec un peu d'affectation dans les intervalles muets du dialogue. On sent bien que son intention est alors d'occuper la scène, mais il lui suffit presque pour cela du beau jeu de sa physionomie ; les gestes que commande réellement la force de la situation, ne produisent pas tout leur effet quand il se trouvent confondus dans une trop vague gesticulation. C'est à cet égard particulièrement que l'acteur doit s'en tenir à l'indispensable.

La voix de Talma est une sorte de *taille* ou de *tenor*; c'est, comme l'a dit Jean-Jacques Rousseau, la voix humaine par excellence ; assez grave pour le ton héroïque et impératif, elle n'est ni assez pesante, ni assez rude pour exclure les accens de sensibilité. Celle de *Talma*, cependant, n'est pas à cet égard aussi par-

faite qu'on pourroit le souhaiter. L'habitude des rôles terribles semble lui avoir
brisé quelques cordes de cet instrument,
de sorte qu'il ne peut pas toujours passer
avec assez de souplesse des cris de la fureur et du désespoir au ton des affections
douces et touchantes ; de là vient qu'on
lui a justement reproché de *saccader*.
Quelquefois aussi, surtout lorsqu'il veut
exprimer une douleur profonde, il donne
à sa voix un accent lugubre et lamentable,
et il en traîne les sons factices avec une
monotonie fatigante ; mais outre qu'il
commence à se corriger de ce défaut, il en
tire souvent parti comme certains peintres
d'histoire tirent parti d'une grande masse
d'ombres sans nuances pour donner plus
de relief et d'expression aux objets les plus
intéressans de leurs tableaux. Rembrandt et
beaucoup d'autres maîtres aimoient à
peindre sur un fond noir.

Mais si les *transitions* de Talma paroissent quelquefois brusques et heurtées ; si

II-   24

les accens de sa voix sont un peu durs
dans les éclats , un peu monotones dans
l'expression de la douleur plaintive, ils
sont parfaits dans le *medium*; et quoique ce diapason borné n'offre communément que peu de ressources à la voix,
celle de Talma semble y trouver sans peine
ses inflexions les plus variées. Aussi est-il
sûr d'un grand succès toutes les fois que
la situation dramatique lui permet de parler dans le *medium*.

La nature de son organe , qu'il a trop
de peine à dompter dans les autres tons,
l'empêche quelquefois de *phraser* sa diction avec toute la pureté desirable; mais
ce qu'il perd par là, du côté de l'élégance,
il le gagne fort heureusement du côté de
l'énergie ; et s'il n'arrondit pas merveilleusement ses périodes, s'il dépouille quelquefois les vers de leur pompeuse harmonie,
aucun acteur moderne ne fait sentir comme
lui la force ou la profondeur d'une pensée;
ne donne une expression plus vraie à ce

qu'on appelle les mots de valeur, et ne
produit par là d'aussi grands effets : il ne
les cherche, ces grands effets, que dans la
substance même des choses, et il semble
dédaigner le talent facile de farder les
superficies.

Aussi ne se dissimule-t-il pas à lui-même
qu'il n'est pas fait pour jouer parfaitement
les rôles trop brillans de Voltaire. La peine
qu'il seroit forcée d'y prendre pour conserver au style de ce grand poëte, tout l'éclat
qui en fait le charme, l'empêcheroit de
soigner à son gré le fond des idées et
l'expression des sentimens ; et comme,
hors de la *vérité*, il ne voit rien qui lui
convienne, tout ce luxe de mots sonores
l'importune et le déconcerte ; bien différent
en cela des acteurs médiocres qui aiment à
trouver dans *le vague* brillant de la déclamation un moyen commode de faire impunément des contre-sens, et dont la médiocrité n'est jamais plus exposée à se trahir
que dans les rôles simplement écrits. Ce

qu'ils diroient mal , ils le *chantent* ; et c'est là ce que Talma ne veut pas faire. Cet acteur , comme tous les grands artistes , méprise les ressources du charlatanisme.

Chaque comédien a au surplus sa manière de sentir et d'exprimer ; les uns , et ce sont ordinairement les plus jeunes , ne peuvent recevoir la moindre impression de douleur , ou de joie , sans se répandre aussitôt en démonstrations ; cet épanchement continuel annonce une foible organisation. Les autres , non moins sensibles , mais plus forts , concentrent au fond de leur ame toutes les sensations qu'ils éprouvent , et ne parlent jamais plus éloquemment que lorsqu'ils paroissent faire des efforts pour se taire. Les premiers épuisent leur chaleur en la prodiguant à tout propos , et se trouvent le plus souvent en défaut dans les situations extrêmes , pour lesquelles ils auroient dû recueillir toutes leurs forces ; les seconds , qui selon l'expression de Dorat , *éparpillent moins leur ame* sur la scène, et qui s'attachent principalement à la perfection du jeu muet, produisent des effets d'autant plus sûrs, qu'en physique, comme au moral, plus la compression est forte et prolongée, plus l'explosion devient terrible.

Cette manière de sentir est celle de Talma; aussi passe-t-il à juste titre pour le tragédien le plus profond et le plus énergique qui ait paru depuis Le Kain. Peut-être n'auroit-il jamais eu d'égal si, à ce beau talent, il avoit joint comme Le Kain l'avantage de pouvoir plaire, dans quelques rôles superficiels, par tout le charme de la sensibilité expansive, et tout le brillant des manières chevaleresques. Mais sa sphère est un peu bornée; et s'il est absurde de dire, avec ses ennemis, qu'il ne sait jouer que les rôles de la révolution, il est du moins juste de dire que la tragédie forte, sévère, terrible et méditative, est aujourd'hui le seul des genres dramatiques où il soit vraiment inimitable.

Une particularité digne de remarque, c'est que Talma commence presque toujours ses rôles de manière à faire craindre qu'il n'y soit lourd et monotone ; mais cette crainte ne dure pas ; du moment que l'action s'engage , il s'anime avec une admirable vérité de progression , et l'extrême irritabilité de nerfs dont il est *doué* ou *affligé* (car il n'y a que façon de voir les choses) , finit bientôt par le porter au plus haut degré du pathétique.

Quelques censeurs chagrins l'ont accusé de ne jouer la tragédie que par instinct, et de préférer trop souvent sa propre manière de sentir aux règles de la tradition ; loin de lui en faire l'objet d'un reproche, nous devons l'en féliciter. L'instinct peut bien , à cet égard , être synonyme de génie, et le génie n'aime point à traduire.

« L'art méprisable d'imiter au théâtre , dit un auteur moderne , n'est pour l'acteur que le malheureux talent de copier une copie ; celle-ci a pu être parfaite si la na-

ture a été son premier modèle , l'autre ,
toujours incertaine et obscure , n'offre que
des traits affoiblis ou défigurés , qui même
en approchant le plus de ce second original , rendent encore l'affectation plus sensible. Les comédiens devroient toujours
avoir présent à l'esprit ce beau vers de
Voltaire :   —

« Non , n'imitons personne et servons tous d'exemple ».

Talma, au surplus, ne s'est pas tellement
affranchi des préjugés qu'il dédaigne d'observer ce que la tradition peut avoir d'utile ,
et qu'il n'ait pas quelquefois tâché de s'approprier les beautés dont brilloit le jeu
des Baron et des Le Kain ; la vue d'une
seule figure de Michel Ange en apprit plus ,
dit-on , à Raphaël , que tous les traités sur
la peinture ; mais Talma sent aussi que ce
qui convenoit parfaitement aux moyens
physiques de ses prédécesseurs , pourroit
n'être en lui qu'un défaut choquant ; et son
instinct , dont on veut lui faire un crime ,

le sert mille fois mieux à cet égard que tous les exemples fameux dont on l'obsède.

On lui a également reproché de jouer la tragédie à l'anglaise ; et le jour même où cette accusation de mauvaise foi tomboit sur lui, j'entendois *Kemble* (le premier acteur de Londres), lui reprocher ses manières françaises, comme trop soignées et trop polies. *Kemble*, toutefois, faisoit grand cas de son talent ; et il est bon de dire ici, par parenthèse, que de tous les acteurs qui honorent notre théâtre, *Talma* est celui que les étrangers, sans exception, voient et entendent avec le plus d'intérêt.

Talma est en effet un acteur original, et qu'on ne peut guère comparer à d'autres tragédiens.

Plus vrai, aussi profond, et peut-être plus terrible que Le Kain dans la pantomime ; il a le ton moins imposant ; sa manière élève moins l'ame ; son talent est plus inégal.

Plus pathétique, plus savant, et plus

véritablement artiste que Larive, il est moins brillant, moins entraînant dans les rôles du genre héroïque.

Sa manière de parler, dans la tragédie, peut rappeler à quelques égards celle du célèbre Baron, qui étoit blessé, dit Marmontel, du seul mot de *déclamation*, et dont le jeu, quelquefois familier, étoit toujours vrai sans trivialité : mais je crois avoir lu dans Voltaire, que le mérite de Baron consistoit surtout dans la décence de ses manières, dans la parfaite pureté de sa diction et dans la beauté majestueuse de ses traits; et ee n'est point là ce qui caractérise spécialement le talent énergique de Talma.

D'après le portrait qui nous reste de *Mondori*, qui mourut pour avoir joué avec trop de véhémence le rôle d'Hérode dans la tragédie de Mariamne, Talma me sembleroit avoir plus de rapport avec ce célèbre acteur. « Mondory, dit le Mercure de France, étoit un très-excellent comédien ; *d'une taille moyenne, mais bien prise*, la mine haute, le visage agréable et *expressif; il avoit de petits cheveux coupés avec lesquels il jouoit tous les rôles de héros, sans avoir jamais voulu mettre de perruque.* » Jamais homme, dit Tristan le tragique, ne parut avec plus d'honneur sur la scène ; il s'y fait voir tout plein de la force des passions qu'il représente ; et, comme il en est préocupé lui-même, il imprime *fortement dans tous les esprits, tous les sentimens qu'il exprime, et les changemens de son visage semblent venir des mouvemens de son cœur.* Scudéry disoit que *Mondory* n'avoit pas d'égaux dans la pantomime pathétique : « il mériteroit, ajoute cet auteur, que la face du théâtre fût toujours tendue de noir, s'il ne nous restoit quelque espérance de le revoir sur la scène ». Enfin, de même qu'aujourd'hui, l'on a reproché à Talma une sévérité un peu sauvage, l'on reprochoit à Mondory trop de dureté et d'emportement ; la Rancune , dans le roman comique de Scarron , dit en parlant des meilleurs acteurs du temps : *Bellerose* est trop affecté , *Mondory* trop rude , et *Floricour* trop froid. »

Je voudrais maintenant pouvoir examiner Talma dans tous les rôles de son emploi , mais cette entreprise me mèneroit trop loin , et l'on me permettra de m'en tenir à quelques mots sur les plus marquans.

Beaucoup de personnes trouvent qu'il a complètement échoué dans OROSMANE; leur prévention à cet égard vient de ce que le rôle avoit été joué par Lafond d'une manière plus séduisante. Talma n'a pas rendu sans doute avec toute la noblesse desirable , les momens de fierté du soudan ; mais dans toute la partie passionnée , il a du moins conservé à son personnage le caractère d'un *Tartare* amoureux , et ses pleurs n'ont eu rien d'ignoble ; si Lafond a joué quelques scènes du rôle , avec plus de *charme ,* Talma en a rendu l'ensemble avec plus de profondeur et de *vérité.* Ni l'un ni l'autre n'y ont atteint la perfection ; et Le Kain , le sublime Le Kain n'y est pas encore remplacé.

Le Cid. — Dans la scène du défi : *A moi, comte , deux mots ,* et dans le récit du combat nocturne , Talma déploye beaucoup d'art et une grande énergie ; dans les scènes d'amour et de galanterie on lui désireroit plus d'onction et de légèreté.

Achille. — Dans tous les rôles *en dehors ,* où la profondeur de talent est une qualité superflue et presque nuisible, Talma doit se trouver gêné ; il joue celui-ci avec plus d'art et de fermeté que la plupart des autres acteurs. Mais il ne faudroit pas avoir autant de talent que lui, pour mieux représenter à nos yeux la brillante impétuosité d'Achille.

Brutus (de la mort de César). Je ne crains pas de dire que dans ce rôle, il n'aura jamais de rivaux.

Oreste (d'Andromaque). — Un acteur du second ordre jouera peut-être avec autant de succès les premières scènes, et pourra même débiter avec plus d'élégance le discours d'ambassade : *Avant que tous les Grecs, etc.;* mais dans la belle scène du 4e. acte, mais surtout dans celle des fureurs, au 5e, je crois qu'il surpasse en énergie et pour la vérité terrible de l'expression, non-seulement tous les acteurs existans, mais encore tous ceux du dernier siècle.

Oreste (d'Iphigénie en Tauride). On est généralement d'accord sur la supériorité de talent que cet acteur déploie dans tous les rôles de cette espèce. Il n'y sera pas moins difficile à remplacer que Le Kain ne le fut et ne l'est encore aujourd'hui dans Vendôme et dans Orosmane.

ŒDIPE. — Tout le poids de l'inexorable fatalité semble l'accabler dans ce beau rôle. « C'est surtout dans l'Œdipe de Voltaire, dit un homme qui a écrit avec talent sur l'art dramatique, qu'il a étonné et ravi les véritables amateurs du théâtre; il n'y a dans ce rôle ni haine ni fureurs, aucune de ces passions *exaspérées* dont on convient qu'il possède mieux qu'aucun autre l'accent, mais à l'expression desquelles on vouloit le borner; on ne peut peindre dans Œdipe que l'étonnement, l'effroi, l'horreur, la résignation, et jamais peut-être ces mouvemens de l'ame n'ont été représentés avec plus de vérité. Ce n'est point *Talma* qu'on a vu dans les derniers actes, c'est Œdipe lui-même, cette misérable victime du destin, que poursuivent les pâles Euménides,

Et qu'on voit à la fin, par un mélange affreux,
Inceste, parricide, et pourtant vertueux.

Seïde. — Ce rôle lui a fait le plus grand honneur à l'époque de ses débuts, et lorsqu'il le rejoua accidentellement il y a quelques années, l'orgueilleux et terrible *Mahomet* se trouva entièrement éclipsé.

Ladislas. — Il y met beaucoup de feu et de vigueur, mais peut-être n'imprime-t-il pas à son personnage tout ce caractère de jeunesse et de turbulence involontaire qui doit rendre sinon excusables, du moins supportables à la scène les crimes affreux de Ladislas ; en jouant ce rôle avec trop de profondeur, il en augmente l'énergie, mais aussi le personnage paroît trop odieux, et il me semble qu'il éviteroit cet effet révoltant, en remplaçant le feu sombre de la jalousie par l'extrême inflammabilité de l'orgueil.

Qui ne respecte rien quand il est outragé,
Court, se venge.... et gémit sitôt qu'il est vengé.

Bayard. — Il montre dans ce rôle trop de sagesse et de sévérité. J'aime encore mieux pourtant la manière dont il l'a conçu, que celle dont quelques autres acteurs ont voulu le jouer. *Lafond* nous a fait de Pierre Duterail un jeune et brillant chevalier, et il n'est pas difficile de sentir que ce n'est point là l'esprit du personnage. Je

dois avouer que je n'ai pas revu le véritable Bayard de Dubelloy , depuis la retraite de Larive.

Ninias (de Sémiramis). — Un peu de
sécheresse et de monotonie dans les premiers actes ; il manque par excès de profondeur l'effet de ses deux belles scènes
avec Assur , effet imposant que Lafond
manque également par défaut d'organe et
d'énergie physique. Mais Talma est sublime dans le quatrième acte.

Hamlet. — Le talent particulier de
Talma pour le tragique sombre et mysté-
rieux se développe tout entier dans cette
pièce , dont le quatrième acte offre une
situation absolument semblable à celle du
quatrième acte de Sémiramis.

Macbeth, Othello, Egyste. — il y
porte la terreur tragique au plus haut
degré.

Vendôme. — Il conçoit bien l'esprit
de ce rôle ; mais il le joue trop sèche-
ment , et n'y paroît que médiocrement

inspiré. L'excès en tout est un défaut ; Talma tient peut-être trop aussi à son système de simplicité et de profondeur. Tout le rôle de Vendôme n'est pas en développemens sans doute, et ce personnage est trop grand pour soulager continuellement sa douleur par des larmes ; mais ce seroit tomber dans un excès contraire et non moins répréhensible, que de nous représenter Vendôme concentrant toutes ses émotions. Ce héros me paroît avoir quelques traits de *Ladislas*, avec cette différence que l'impétuosité du fils de Venceslas prend sa source dans un orgueil démesuré et révoltant, tandis que Vendôme, subjugué par sa funeste passion, seroit sans elle un homme aimable et vertueux.

Nicomède. — Son grand succès dans ce rôle, l'un des plus singuliers et des plus difficiles qui soient au théâtre, est une réponse sans replique aux gens qui l'accusent de ne savoir jouer que les folies

sombres et terribles , et de ne pas connoître les finesses de la récitation théâtrale ;
sans gestes , sans cris, sans emportement ,
par l'unique ressource d'une diction pure
et savamment nuancée , il attire et fixe sur
lui pendant toute la pièce l'intérêt le plus
extraordinaire , et domine superbement
la scène. Il donne au ton de l'ironie et du
dédain une force que n'a point dans d'autres tragédies celui de la menace et de la
fureur ; en un mot il s'y montre sublime
sans effort , et c'est là le comble de l'art.

Je ne poursuivrai pas cette revue , il
n'est presque personne maintenant que
l'accent pénétrant de sa voix et l'expression
terrible de son jeu muet n'aient fait alternativement frémir et pleurer dans la tragédie de Manlius. On sait avec quelle
énergie foudroyante il articule ces paroles de Coriolan : *Adieu, Rome, je
pars.* On sait enfin avec quelle admirable
simplicité il fait le personnage de Sévère
dans Polyeucte. Il est à remarquer que

Talma ne joue d'une manière véritablement foible et inégale , que les rôles faciles et superficiels où les acteurs les plus
médiocres sont sûrs de se faire applaudir,
tandis que les roles savans et profonds ,
écueils certains de la médiocrité , lui pro-
curent ses plus beaux succès. Il semble
avoir besoin des plus grandes difficultès
de l'art pour s'enflammer de la noble ardeur qui l'élève au - dessus de tous ses
rivaux , et s'être dit comme Corneille :

A vaincre sans péril on triomphe sans gloire.

Il ne me reste plus maintenant qu'à justifier ce que j'ai dit au commencement de
cet article , touchant l'analogie du talent
de Talma avec le génie du Poussin ; et il
me suffira pour cela de transcrire un jugement du Journal de l'Empire sur le plus
grand peintre de l'École Française.

« Le Poussin , dit ce Journal , avoit fait
une étude approfondie de l'antiquité , non-
seulement sur les monumens de l'art , mais

dans les poëtes et les historiens ; cette étude, pour laquelle il avoit un goût extraordinaire, lui avoit si bien profité, que suivant la remarque de ses contemporains, il connoissoit mieux les mœurs, la physionomie, les habitudes et les manières d'être des anciens, que celles des hommes au milieu desquels il vivoit. Ses personnages ont la franchise, les passions fortes, et quelque chose de la rudesse des premiers âges ; il est permis de croire qu'un pinceau suave, les artifices du clair-obscur auroient troublé l'harmonie de ces compositions austères. »

Il est à remarquer qu'il suffiroit de substituer dans ce paragraphe le nom de *Talma* à celui *du Poussin*, pour que l'opinion du Journaliste devînt entièrement applicable au talent de notre moderne Roscius, comme les éloges de Virgile se trouvent souvent convenir au génie poëtique de Racine, et ceux d'*Echyle* à Crébillon.

TALMA. (M._{me})

Théâtre Français.

Fille de feu Vanhove, qui remplissoit à la Comédie Française les rôles de pères dans les deux genres dramatiques, et qui mourut il y a environ trois ans.

Si l'on alloit regarder dans nos almanachs de théâtre, l'époque des débuts de Mlle Vanhove, on auroit sujet de croire cette actrice beaucoup plus âgée qu'elle ne l'est. A peine avoit-elle quatorze ans lorsqu'elle parut pour la première fois sur la scène. Elle obtint dès lors de brillans succès ; et, depuis, son talent n'a fait que s'accroître, ou plutôt se perfectionner.

Mme Talma paroît avoir entièrement renoncé au genre de la tragédie ; c'est une véritable perte pour l'art. Ce fut de cette actrice que les néologues de coulisses osèrent dire pour la première fois : Elle a *l'organe trempé de pleurs*, ou bien elle a *des larmes dans la voix* ; quelque bi-

sarre que soit cette expression , il est aisé
de sentir ce qu'elle signifie ; en effet , la
voix de madame Talma avoit un charme
inexprimable qui pénétroit profondément
dans l'ame , et ne le cédoit en rien , dit-on ,
aux accens de Mlle Doligny, On auroit pu
désirer à Mme Talma , un peu plus de vivacité et de feu dans le débit ; sa manière paroissoit quelquefois trop simple et
trop uniforme dans les rôles à grands mouvemens ; mais dans *Iphigénie* , dans *Zaïre,*
dans *Attalide* , elle n'avoit besoin que de
paroître pour intéresser tous les cœurs ;
il ne falloit que l'entendre pour pleurer.

Ses avantages ne sont pas moindres aujourd'hui dans les premiers rôles de la
haute comédie ; si l'on en excepte toutefois les rôles des coquettes brillantes ,
auxquels la simplicité de son jeu ne conviendroit peut-être pas parfaitement. Sa
diction est un modèle de pureté ; son
maintien, sa démarche, ses gestes, sont
des modèles de décence ; elle s'avance ,

parle et marche sur la scène comme dans un salon de bonne compagnie ; elle met, en un mot, dans son jeu toute l'aisance et la vérité d'expression que l'art dramatique peut admettre.

L'habitude qu'elle a dû contracter en jouant long-temps les rôles de jeunes amoureuses, se fait toutefois un peu trop sentir aujourd'hui dans sa façon de jouer les premiers rôles ; elle affecte quelquefois un maintien composé, une sobriété de gestes et une timidé de regards, qui pour être trop scrupuleusement conformes à la décence, ne le sont pas autant au caractère animé de certains personnages. Il me semble en un mot, et si l'on peut s'exprimer ainsi, qu'elle joue un peu trop en elle-même ; il est sans doute très-difficile et très-méritoire de trouver dans l'unique ressource de ses inflexions de voix, l'expression exacte de tous les sentimens ; mais le geste ne gâte rien quand il est parfaitement d'accord avec le sens de ce qu'il faut exprimer, et plus souvent même il est indispensable dans la perspective théâtrale, où ce qui pourroit échapper à l'oreille des spectateurs leur est expliqué par la vue. Je ne dirai point à Mme *Talma,* votre jeu a trop de vérité ; ce seroit un éloge plus qu'un reproche ; mais je lui dirai que la vérité ne suffit pas au théâtre, si elle n'est ornée de toutes les couleurs propres à la faire ressortir : placez aux voûtes de nos temples le tableau le plus correct de l'école italienne, à côté des grandes machines de Rubens, dont l'admirable coloris nous cache tant d'incorrections, et dites-moi ensuite lequel des deux vous fait le plus d'illusion.

Je n'applique au surplus ces réflexions qu'à la manière dont Mme Talma a voulu jouer quelques rôles brillans de mademoiselle Contat (la grande coquette par excellence) ; car on ne lui doit que des éloges dans ceux où les effets de *coloris* (qu'on me passe ce style figuré) sont moins essentiellement nécessaires que la pureté du dessin, l'exacte observation des

demi-teintes et la sagesse de la composition. Elle est même, et de l'aveu de tout le
monde, supérieure à M.lle Contat, dans
la *Mère Coupable*, *la Femme Jalouse*,
Mélanide et *la Gouvernante*; M.me Talma
joue parfaitement aussi le rôle d'Elvire
dans le Tartuffe et la comtesse Almaviva
dans le Mariage de Figaro.

TALON.

Ci-devant au Théâtre de la Porte Saint-Martin.

Comique fin, spirituel, peut - être un
peu trop, dans l'espèce de rôles qu'il a
adoptés. C'est un homme de bonne compagnie, qui joue les niais pour s'amuser.

S....

TARULLI.

Opéra-Buffa.

Grand et gros acteur, qui paroît affec-
tionner les rôles d'amoureux, mais qui
représenteroit mieux les financiers.

Il a une basse - taille d'autant plus belle qu'elle est singulièrement onctueuse et qu'elle se prête à tous les tons avec beaucoup de flexibilité. Tarulli tire un grand parti de ce précieux instrument. Sa méthode est pure et gracieuse, il ne prodigue pas les notes à tout propos, mais quand il se permet des agrémens, c'est toujours avec un goût exquis et sans jamais dénaturer ni étouffer les motifs, comme font tant de virtuoses célèbres.

Il y a pourtant dans le jeu de sa figure, lorsqu'il veut préparer ses transitions, faire une tenue un peu haute, ou broder quelque phrase légère, une sorte de travail et de contraction qui le fait paroître trop affecté, surtout à nous autres Français. Mais cette affectation qui blesse les yeux, ne se fait nullement sentir à l'oreille.

T A U T I N.

Ambigu - Comique.

Taille avantageuse ; nez à la romaine.

On trouve qu'il manie avec succès l'arme de l'ironie, et qu'il est généralement bien placé dans les rôles *profonds* de l'Ambigu-Comique; mais les aristarques du pourtour et de l'amphithéâtre, gens difficiles à contenter, lui reprochent son accent nazal et je ne sais quel autre défaut de prononciation qui l'empêche de jouer avec la même supériorité le sentiment et la passion. On s'accorde à dire, d'ailleurs, qu'il a peu de rivaux à craindre dans la pantomime, surtout dans les rôles d'ambitieux et qu'il excelle dans la haute politique.

THÉNARD.

Théâtre Français.

Fils de Mademoiselle Thénard.

Il joue les valets avec esprit et intelligence. Son débit est facile, sa diction juste; mais il n'a pas un grand fonds de gaîté, et ses ressources comiques sont un peu foibles. Il est du nombre de ces acteurs qui paroissent avoir besoin d'être soutenus par leurs rôles , et qui , ayant continuellement peur de passer les bornes de la convenance , restent trop souvent en deçà de la portée comique ; aussi peut-on dire de lui qu'il a le ton de la bonne comédie dans les rôles qui tiennent de la farce , mais qu'il n'a pas toujours assez de gaîté dans ceux de la bonne comédie. Demandons trop pour avoir assez , disoit l'abbé Terray ; nous n'aurions rien du jeune Thénard , si ses rôles n'exigeoient que peu ; et voilà pourquoi il nous satisfait dans le Pasquin des jeux de l'Amour , personnage de caricature ; tandis qu'il nous fait à peine sourire dans le valet du *Dissipateur.*

Comme il a , toutefois , de la sensibilité, il fait presque toujours valoir avec certitude de succès , les passages de ses rôles où cette qualité devient nécessaire ; et dans cette même pièce du *Dissipateur,* où il n'a d'un valet que la livrée , le ton pénétré qu'il sait prendre en venant offrir son petit avoir à Cléon, lui procure presque toujours de nombreux applaudissemens.

Parmi les rôles que cet acteur joue d'une manière satisfaisante, il faut distinguer le Figaro de la folle Journée, dont il a parfaitement saisi l'esprit. L'acquisition du jeune Thénard est, en dernier résultat, une bonne affaire pour la Comédie Française, où il ne peut manquer de perfectionner, à côté de deux bons modèles, un talent déjà digne d'éloges.

THÉNARD. (Mlle)
Théâtre Français.

A la manière dont cette actrice joue les confidentes tragiques, il est facile de reconnoître qu'elle a long-temps rempli les premiers rôles. On pourroit lui souhaiter néanmoins une plus grande finesse d'intelligence, un son de voix plus flatteur et des manières plus distinguées ; mais elle a de la chaleur, de la sensibilité, de l'instinct et de la routine.

Mlle Thénard joue aussi des rôles de comédie.

Elle a remplacé Mme Lachassaigne dans les Escarbagnas , et Mme Suin dans les mères-nobles ; elle marque les traits de caricatures avec plus de fermeté que la première ; mais elle n'a ni l'excellent ton ni la véritable dignité de la seconde.

THÉNARD (Jeune).
Ci-devant au théâtre de Louvois.

Ce second fils de Mlle Thénard, joua quelque temps au théâtre de Louvois, avant que de débuter aux Français dans les jeunes-premiers tragiques. Il a de l'intelligence , du feu , de la sensibilité , et une grande habitude de la scène ; mais son talent est excessivement maniéré , et cette afféterie trop remarquable ne contraste pas heureusement avec les traits de son visage.

TIERCELIN.
Variétés-Panomora.

Sa figure , sa démarche et sa voix le

(307)

rendent parfaitement convenable aux rôles
grotesques de crocheteurs ou de cordon-
niers; il saisit avec beaucoup d'intelligence
la charge des *farauds* de la Grenouillère ,
et il baragouine l'*Auvergnat* ou le *Sa-
voyard* de la manière la plus vraie et la plus
comique.

VALCOUR.

Théâtre de l'Impératrice.

Il y a de la sécheresse et du froid dans
le jeu de cet acteur, dont la diction est
d'ailleurs exacte et facile, et qui porte
beaucoup mieux l'épée que certains comédiens des grands théâtres.

VALVILLE.

Théâtre de l'Impératrice.

Cet acteur vétéran a été un excellent
valet. Il lui reste encore du naturel et un
bon masque; mais sa verve comique est
presque épuisée, et ce qu'il en a conservé ,
ne lui suffit plus guères que pour des rôles

d'utilité. Comme régisseur du théâtre, il a su se rendre plus important.

VARENNES.

Théâtre Français.

Cet acteur qui jouoit assez plaisamment au Théâtre de Louvois les rôles de niais et les caricatures, fait actuellement aux Français l'office de confident tragique. Ce dernier emploi est peut-être plus noble, mais il est, à coup sûr, plus ingrat.

M. Varennes se dédommage toutefois de sa nullité dramatique, par des succès dans la peinture, qui est un autre art d'imitation; et l'on a de lui quelques paysages qui font honneur à son pinceau.

VERTPRÉ.

Vaudeville.

Les succès de Vertpré nous fournissent un exemple frappant de ce que peut, en dépit d'une nature ingrate, le *labor improbus* de Virgile: cet acteur, dont la

voix est âpre, la taille ramassée, la démarche lourde et la figure peu revenante,
a trouvé le moyen de se faire applaudir en
chantant; de porter, sans paroître trop
ridicule, des habits de princes et de chevaliers; et enfin de devenir après Laporte
le meilleur comédien du Vaudeville. Sa
manière n'est pas brillante, mais elle est
égale et soignée. On voit qu'il entend bien
la scène, et que ne se faisant point illusion
sur la portée naturelle de son talent, il
veut au moins se concilier tous les suffrages
par une rare exactitude. Sujet devenu nécessaire et souvent même préférable à de
jeunes acteurs que la nature sembloit avoir
incomparablement mieux partagés.

VESTRIS. (Auguste)

*Ballets de l'Académie Impériale de
Musique.*

L'astre du jour à son déclin
A souvent l'éclat de l'aurore.

Si Vestris n'étoit qu'un sauteur, un

faiseur de pirouettes et d'entrechats,
l'heure de la retraite seroit sonnée pour
lui ; son extrême légèreté et sa merveil-
leuse souplesse qui l'avoient rendu célèbre
dans toute l'Europe, commencent à l'abandonner, et il trouveroit maintenant au bal
de Coulon plus d'un rival de 18 ans qui le
vaincroit dans la cabriole ; mais à ces
avantages physiques qu'il va perdre, après
en avoir tant abusé, Vestris a le bonheur
de joindre le talent de la pantomime, sur
lequel l'influence du temps se fait moins
rapidement sentir, et où nos jeunes vol-
tigeurs sont encore loin de lui être compa-
rables. Qu'il sache donc conserver sa supériorité en ne la compromettant plus,
qu'il suive ce conseil d'un poëte chorégraphique :

« Laissez la *gargouillade* et les pas hasardeux ».

Le nom de ce danseur, au surplus,
doit durer autant que les fastes du grand
Opéra. Auguste Vestris en s'illustrant n'a

fait que se rendre digne de l'illustre auteur de ses jours ; et l'on ne trouvera peut-être pas trop étrange dans quelques centaines d'années ce propos naïf de VESTRIS I.er Il n'y a que trois grands hommes en Europe : Moi..., le roi de Prousse et Mousu de Voltaire.

La gloire du père et du fils fait pour ainsi dire partie de la gloire nationale, et j'ai entendu dire à de riches étrangers que la réputation de ce dernier les avoit seule déterminés à faire le voyage de Paris. Cet aveu est louable sans doute ; mais si je crois devoir le rapporter , c'est encore plus pour l'honneur de la danse française que pour celui desdits étrangers.

N. B. Le jeune fils d'Auguste Vestris promet de soutenir aussi l'immense gloire de sa famille; mais il a quitté l'Opéra, où il ne lui étoit pas permis, dit-on, de prendre un libre essor ; et il a porté son talent dans le royaume d'Italie.

VESTRIS. (M.me)

Ballets de l'Académie Impériale de Musique.

Taille élégante, jolie figure, talent exact; mais M.me Vestris n'est ordinairement chargée que de rôles secondaires, et ne paroît pas possédée de l'enthousiasme de son art. Faite pour prétendre au premier rang, où elle seroit sans cesse tourmentée par l'envie, elle préfère de se confondre dans la foule des danseuses médiocres que les cabales laissent en repos. A-t-elle tort? a-t-elle raison? Chacun en jugera à sa manière; elle sera blâmée par l'artiste, et approuvée par le philosophe......, si, toutefois, le philosophe s'occupe jamais de l'Opéra.

VIGNEAUX.

Ambigu-Comique.

De la chaleur, un grand fond de sensibilité, parfois même de l'énergie, mais

inégal dans sa diction ; tantôt se faisant
un organe factice, et tantôt baissant la
voix, au risque de n'être pas entendu ; acteur de la plus grande espérance, si son
zèle ne le jetoit pas hors des limites tra-
cées par la nature ; une extinction de voix
le tient éloigné du théâtre.

VIGNY. (de)

Théâtre de l'Impératrice.

Si les emplois étoient distribués au
Théâtre de l'Impératrice, comme ils le
sont à la Comédie Française, de Vigny
seroit difficile à placer. Son talent est
d'un genre mixte et qu'on ne pourroit
guère ranger dans une classe spéciale, sans
lui faire perdre la plus grande partie de
ses avantages.

Aimable vieillard et vieux comédien
dans les comédies que désignent ces noms,
il sembleroit propre à jouer les rôles de
pères et de raisonneurs ; mais en se clas-
sant dans cet emploi, il ne pourroit con-

II.

server ni le *Menteur*, ni *Médiocre et Rampant*, qui appartiennent aux premiers rôles ; ni *Musard*, ni *le Collatéral*, ni *le Procureur de l'Acte de Naissance*, que les comiques et les manteaux (1) ne manqueroient pas de réclamer ; et, en définitif, réduit à un seul et même genre de personnages, qui ne seroient pas tous susceptibles d'un effet également heureux, il lui faudroit pour soutenir long-temps sa réputation, une variété et une force de talent qui ne sont peut-être pas en lui.

Vigny est l'acteur de *Picard*, c'est à cet auteur qu'il doit tous ses succès, comme c'est peut-être à Vigny que Picard doit une partie des siens.

Elève de l'ancienne Comédie Française, Vigny parut successivement aux théâtres

______

(1) On désigne par ce nom de *manteaux*, les acteurs qui jouent les rôles de vieillards comiques ou ridicules, comme sont Grandmenil et Caumont au Théâtre Français.

de Monsieur et de la République, et y fut toujours accueilli avec assez de faveur ; mais on n'applaudissoit alors en lui que la décence de son jeu , la pureté de sa diction , sa manière de porter l'épée , talent devenu rare dans ces derniers temps ; et ces applaudissemens en petit nombre n'étoient guère que des marques d'estime pour un talent plus correct alors qu'original ; on ne le considéroit enfin que comme un acteur du second ordre qui suivoit assez bien la route tracée, et méritoit en cela des encouragemens.

Ce fut en s'essayant à l'Odéon dans un ou deux rôles de valets , qu'il reconnut ce qu'il pouvoit faire dans une route nouvelle ; on lui trouva un excellent masque ; du naturel , des intentions fines et piquantes. *Picard* lui donna des rôles comiques de différens genres , et de ce moment Vigny mérita d'être compté au nombre de nos bons comédiens.

Les rôles qu'il joue avec le plus d'avan-

tage sont ceux qu'on nomme rôles de caractères ; il en saisit avec infiniment de
tact le sentiment et la physionomie ; et il
sait toujours en faire ressortir les intentions sans tomber jamais dans la charge ni
dans la trivialité. L'habitude de jouer les
rôles du haut - comique, habitude qu'il
avoit contractée au Théâtre de la République, lui a été à cet égard beaucoup plus
utile qu'on ne pourroit le croire. Il lui
doit l'espèce de considération que les
spectateurs conservent pour sa personne,
lors même qu'il excite parmi eux le plus
de gaîté ; ce n'est point un misérable
bouffon que l'on voit en lui, c'est un bon
plaisant, un *comique* de bonne compagnie. Il faut néanmoins l'avertir du défaut
dans lequel il est près de tomber. Habitué
à de très - grands succès, et à des succès
un peu trop faciles, il croit n'avoir plus
qu'à se montrer pour être applaudi ; et il
en résulte que son jeu paroît quelquefois
trop négligé ; sa diction, ses gestes, son

maintien sont toujours parfaitement naturels ; mais on les voudroit souvent d'une
nature plus animée, pour ne pas dire
moins *inerte*.

Vigny est au surplus, et je me plais à
le répéter, un comédien très-distingué,
et on l'auroit peut-être comparé à nos plus
célèbres acteurs, s'il y avoit eu dans le
germe de son talent un degré de chaleur
de plus.

Je n'ai pas cru devoir parler de sa prononciation, qu'une légère difficulté d'organe rendoit quelquefois un peu défectueuse. Il l'a tellement travaillée, que peu
de personnes maintenant y font attention.
Ce qui nous paroissoit d'ailleurs un défaut
réel lorsque cet acteur jouoit les premiers
amoureux et les hommes à bonne fortune,
devient, pour ainsi dire, imperceptible dans
les rôles de genre qu'il remplit aujourd'hui.
Tout le monde sait que Préville bredouilloit
sensiblement, et qu'il n'en faisoit pas moins
les délices de tous les amis de la comédie.

VOLNAIS. (Mlle)

Théâtre Français.

Malgré tous les éloges prématurés dont nos faiseurs de bouquets à Chloris, les Despaze, les Ximenès, ont accablé cette jeune et jolie actrice, elle fait chaque jour des progrès sensibles ; son talent ne paroît pas de nature à produire jamais de grands effets ; il consiste dans la pureté de sa diction et dans un ton de candeur et de mélancolie qui prête du charme à tout ce qu'elle dit ; mais si la critique ne peut que rarement lui reprocher des contre-sens, si toutes ses inflexions de voix sont justes et gracieuses, ces avantages ressortent peu dans la perspective du théâtre, et surtout dans celle de la scène tragique. L'organe un peu factice de Mlle Volnais manque de force ; les nuances délicates de son jeu échappent souvent à l'œil du spectateur, et ne pourroient être parfaitement appréciées que dans un salon ; il n'y a point de monotonie réelle dans sa diction , qui est au contraire très-soigneusement accentuée ; mais à une certaine distance tous ces petits détails manquent de relief et se confondent dans le même ton ; on préféreroit moins de fini et des traits un peu plus marqués.

Il est facile de sentir d'après ces observations que les rôles à grand pathétique , ceux qui exigent des développemens hardis , un débit ferme et animé , que les rôles de *grandes princesses* enfin , car on ne peut guère parler des acteurs sans faire usage de leur jargon , sont de beaucoup supérieurs aux moyens de Mlle *Volnais* , et qu'elle ne doit pas même songer à s'y risquer. Son lot et de jouer les *ingénuités* , les caractères doux , tendres et modestes , tels que *Junie* , *Attalide* , *Iphigénie* et même *Zaïre.* Les rôles d'*Andromaque* et de *Palmyre* qu'elle remplit quelquefois avec succès , sont encore trop prononcés pour elle , du moins en quelques endroits, mais ils rentrent dans le petit nombre de ceux qu'elle doit très-bien jouer un jour ; et je serois même bien étonné si avec son zèle, son intelligence, elle ne parvenoit pas à s'y faire une réputation durable.

Mlle *Volnais*, comme Mlle *Bourgoin,* joue par fois dans la comédie, mais elle n'y est pas aussi bien placée. Son débit n'a ni assez de légèreté, ni assez de piquant ; il y a trop de mélancolie, disons plus, trop de tristesse dans l'ensemble de ses traits, pour qu'elle réussisse jamais à faire rire : nous croyons qu'elle joueroit mieux le drame, et la manière dont elle remplit le rôle de *Nanine* est ce qui fonde cette conjecture.

ZARDI.

Tenor. Il a de la voix, une assez bonne méthode de chant, et se présente assez bien à la scène. Il y a pourtant jusque dans l'aisance de sa démarche, un je ne sais quoi, qui sent l'Italie, et l'empêchera toujours d'être cité comme un modèle d'élégance. Sujet utile.

FIN DU SECOND ET DERNIER VOLUME.